写真でわかる

腹筋・背筋の
トレーニング

ディーン・ブリテナム　　グレッグ・ブリテナム著　　山口英裕訳
Dean Brittenham　　　Greg Brittenham

大修館書店

Stronger Abs and Back

by

Dean Brittenham & Greg Brittenham

Copyright © 1997 by Dean and Greg Brittenham

Japanese translation rights arranged with Human Kinetics Publishers, Inc. through Japan UNI Agency, Inc., Tokyo.

This book is dedicated to the only thing that really matters in life—family: Bev, Steve, Sue, Ben, James, Beau, Luann, Max, and Rachel.

Preface
はじめに

　私たちは，フィットネスとスポーツパフォーマンス向上のためのトレーニングに50年以上かかわってきた。幸せなことに数千人のスポーツ選手（少年スポーツや週末にスポーツを楽しむ人たちから，ハイレベルなアマチュア選手やプロ選手など）と共に仕事をしてきた。各個人にはそれぞれの目的があり，それに沿ってトレーニング指導をしてきた。彼らには，次のような共通の関心事があった。

- 垂直跳びで高く跳べるようにするにはどうしたらよいか。
- 速くなりたい。
- 簡単にバランスを崩されないようにしたい。
- ストロークの正確性（テニス）を向上したい。
- バッティングの際に，大きなパワーをどうやったら生み出せるのか。
- ジョギングは好きだけど，腰が痛くなる。
- ラケットボールをしているときに，方向転換がうまくできない。

　私たちは，このような質問には，次のように答えている。「体のなかでとても重要だが，強化することがおろそかにされている部位がある。それは，腹筋と背筋である」と。この部位は，「パワーの中心」，胴周り，または単に「コア」と呼ばれている。

　腹筋は，体の筋肉連鎖の主要な部位であるが，ほとんどの場合，弱い部位となっている。ずっと以前から，スポーツ選手は，強いコアを持つ価値に気づいている。古代ギリシャ時代の「へそ」を露出している選手の彫刻をみると，格闘技では，「キ」（エネルギーという意味）と「ハラ」（体の中心を指す）の重要性を強調している。「キ」が「ハラ」に集約されているとき，「キ」は中心になり無限のエネルギーにつなげられる。コアが，現代のコンディショニングプログラムとして基本コンセプトになるとしても驚きはしない。事実，コアの価値を位置づけたトレーニングは，毎日のコンディショニングプログラムの中でもっとも強調されている。

　現在，一緒にトレーニングをしているすべてのチームと選手（NBAニューヨーク・ニックスや1996年のオリンピック選手4人など）は，コア・トレーニングの日常化の重要性を認識している。それは，次の事実が考えられる。

- 体のパワーの中心である胴周り（コア）は，体全体の50％以上を占めている。
- 胴周り下部の筋肉は，体を動かすときに，体

の安定を保つためにもっとも重要である。
- 効率的で適切な動作を補助することに加えて，腹筋が，主要な内臓器官を守る手助けをする。
- 腹筋は，内圧（内部腹筋）を供給する。脊髄を支持し，腰のストレスを軽減して姿勢を直立にするために必要な安定性を保つ。
- コアの筋肉は，運動やスポーツを行っている際，呼吸を補助する。

　弱い腹筋は，瞬発的なスポーツ動作の頼みの綱になるどころか，一般的なフィットネスレベルに対しても能力を発揮することができない。コアを発達させ，維持することの重要性を過度に強調することはできない。本書では，健康，フィットネス，全般的な競技力向上に関して，大部分をコアに焦点を絞り，他の重要な要因は意図的に扱っていない。このことはもちろん，フィットネスの他の要素をおろそかにするということではない。たとえば，NBAニューヨーク・ニックスのトレーニングでは，特別な10分間の腹筋運動のためにパワー，スピード，クイックネス，柔軟性，アジリティ，コーディネーション，持久性コンディショニング，メンタルタフネス，栄養のような競技能力に重要な要素を犠牲にしているわけではない。また，筋力，筋持久力，心肺機能効率，柔軟性，身体構成のような健康やフィットネスにとって，きわめて重要な要素を無視しているわけでもない。コア

は，すべての競技力やフィットネスが，そこから発揮される核となる重要なものであるので，この部位を集中的に扱うことは，いかなる競技力向上のプログラムやフィットネスプログラムの質を高めることになるであろう。

　本書では，選手であるかフィットネス愛好家であるかにかかわらず，両者に有効なコア・トレーニング方法を紹介する。最初のステップとしては，体全体のパワー，スピード，クイックネス，アジリティ，コーディネーション，腹筋力の向上である。その後で，スポーツパフォーマンス向上を望むか，健康的な日常生活を保つかなど，個々の要求に対応している。本書で紹介しているものは競技能力に密接に関連しているが，すべてのトレーニング原則は，一般的なフィットネスの向上に適応できるものである。

　6章，7章，8章にイラストで紹介しているエクササイズは，レベルの目安として，次の3つのカテゴリーに分けている。

6章　フィットネス
　　　フィットネス愛好家，すべての競技選手

7章　ストレングス
　　　ハイレベルのフィットネス愛好家，
　　　ミドル〜ハイレベルの競技選手

8章　パワー
　　　ハイレベルの競技選手

注意では，パワーの要素が高まるにつれて起こるリスクについて，強調している。パワーの要素が高いドリルを行う際には，とくに注意してもらいたい。事実，多くのハイレベルの選手であっても，フィットネスとストレングスドリルをトレーニングメニューに大いに取り入れているが，パワードリルは，特別な必要性に応じて取り入れるようにしている。

　本書を理解することによって，必要なプログラムを作成できるようになる。バスケットボールのダンク，ゴルフドライバーで10ヤード飛距離延長，マラソンを完走する，けがを心配することなく家庭での日常の仕事をするなど，いかなる動機であろうとも，このプログラムから恩恵を得るであろう。

　これは，「このプログラムを実施すると，洗濯板のような筋肉質でしまった腹筋が2週間でできる」といった真実味のない約束をする本ではない。動機が，フィットネス向上，健康の維持，競技力向上である場合，この本は，あなたに役立つものとなる。コアを発達させる近道はない。このプログラムを，規律あるライフスタイル同様，やり続けることにより，劇的な結果が得られるだろう。ただし，他のプログラム同様，継続的に努力を惜しまず，向上することに対して努力した場合のみ，得ることができる。

謝辞

とても辛抱強いエディター，イレーン・マスタイン氏に感謝する。彼女のよいアドバイスと絶え間なく前向きな態度は，厄介で膨大な出版過程を和らげ，この本の出版を実現してくれた。ジョン・オズマン博士（インディアナ州立大学）とアラン・マイクスキー博士（インディアナ大学メディカルセンター）の信憑性，適正，そして文献補助に対して感謝する。クリフォード・コルウェル博士（スクリップ・クリニック）からプログラムに対する援助，展望，そして信念をいただいたことに感謝する。マーク・マクコーウン氏（チャールストン大学スポーツ・パフォーマンス部長，ストレングス＆コンディショニング専門家）の友情，洞察力，そして不断の激励に感謝する。

過酷な腹筋と背筋エクササイズのデモンストレーションに多くの日々をボランティアでかかわってくれた，モデルのジョン・スタークス氏，チャーリー・ワード氏，クリスティン・デネヒィ氏，マイケル・パネッタ氏に感謝する。そして，ジョン・サン氏（カメラマン）に感謝する。彼は，1ドリルに1枚の写真という限られた条件の中で，内容の特徴を正確にとらえるというすばらしい仕事をしてくれた。

私たちの生活に触れて，絶え間なく拡大する原理を洗練していく際に，あらゆる分野にわたって重要な示唆を与えてくれた多くの助言者，コーチ，チーム，そして選手に感謝する。パット・ライリー氏，レイモンド・ベリー氏，ジェフ・ヴァン・ガンディ氏，トム・オズボーン氏，パトリック・ユーイング氏，ダール・マーフィー氏，ハル・モーリス氏，スティーブ・フィンリー氏，パム・シュライバー氏，トッド・マーティン氏，ジム・クーリエ氏，メリー・ジョー・フェルナンデス氏，ザック・トーマス氏，アービン・フライヤー氏，ニューヨーク・ニックス，オーランド・マジック，インディアナ・ペーサーズ，ボルティモア・オリオールズ，シカゴ・カブス，ネブラスカ大学，コロラド大学，ノートルダム大学，インディアナ大学，デンバー・ブロンコス，ミネソタ・バイキングス，カンザスシティー・チーフス，ニューオリンズ・セインツ，ニューイングランド・ペイトリオッツ，米国自転車オリンピックチーム，米国ボブスレー・オリンピックチーム，米国テニス協会，そして米国体操連盟に感謝する。

最後に，スティーブ・ブリットハム（アスレチズム分野の開拓者で天才）氏に感謝する。彼は，子どもを助けたり，向上心のある青少年選手がスポーツを楽しむために，絶え間ない労力を惜しまない。彼は，彼と仕事をする人，すべてに幸運をもたらすという印象を与える。プロ選手は，とても専門的で確かな恩恵がある。それ以上にスポーツ界の未来チャンピオンが，継続する貢献には，無限の可能性がある。

Introduction 訳者まえがき

　2004年は，アテネオリンピックが開催され，東京オリンピック以来の日本選手団活躍に日本中が沸いた。しかし，冷静になってみると金メダルを含む競技成績の上位種目の大半は，個人種目である。「日本人は，世界レベルに確実に追いついている」と豪語するスポーツ関係者も多いが，私は疑問に思う。1990年代，世界経済を席巻していた時代に，「日本人のマネージメント力の高さ」を欧米人は高く評価していた。組織力の高さが自慢の日本人であるならば，なぜ，スポーツ界で団体種目の競技成績が芳しくないのであろう。個人種目を「個」として，団体種目を「組織力」ととらえると，もっと，世界の舞台で活躍してもよいと思うのだが。本書を翻訳中に，「組織力と個」という関係が常に頭の中から，離れなかった。

　本書で，もっとも強調しているのは，「からだの核」である。つまり，組織（からだ）の中の個（核）である。個を育てることによって，組織が強力になることは今さら述べる必要もない。つまり，からだの核を鍛えることによって，からだ全体も鍛えられる。しかし，この鍛え方を間違えるとからだは正しく反応をしない。つまり，痛みや障害の発生である。あるラグビー部のS選手が，腰痛で悩んでいた。本書のメニューを利用して，毎日，単調なメニューを確実に4か月間こなしていった。彼が行ったメニューは，1日，8〜10種目を200回以上こなすという，痛みを制限しながら，単調で過酷（時間的制約が多いという意味である）なメニューであった。にもかかわらず，毎日，行った結果としてプレイに復帰できた。数年間，引退を決意するほどの腰痛で悩んでいたことが，うそのように，復帰後は，はつらつとプレイを楽しんでいた。

　本書では，今までの腹筋や背筋のトレーニングを覆すような，斬新な理論や方法ではない。しかし，今までのトレーニング方法を再考させられるような内容を解説している。たとえば，腹筋をトレーニングする際の筋肉の順番や負荷（回数やセット数）である。中学校や高校で，今でも行われている，1セットあたり，50回や100回というトレーニングは，腰痛を発生するだけで，トレーニングとしては非効率であること。他種目を低回数（6〜12回）で多セット（4〜8セット）行うこと。負荷をかけることではなく，技術がとても大切であること。本書の中でも紹介されているが，身長が2mを超すような大男が，縦横無尽に走れ回れるのは，1日に200〜300回のトレーニングを行っているからである。いずれも，衝撃的な内容であった。

本書の前半部分では，各エクササイズが，筋肉の部位，速度，方法などを示しながら解説されている。後半部分では，腹筋や背筋のトレーニングをまったく行っていない初心者からトップ・アスリートまで，対象者のレベルに合わせて，プログラムが解説されている。プログラム作成時のポイントも詳細に解説されている。とくに，実施する際には，トレーニングを行っている筋肉部位や速度を大切に行って欲しい。さまざまな種目やプログラムが紹介されているが，もっとも大切なことは，「継続は力なり」である。本書の内容に共感してくださる方が1人でも増え，腰痛を抱えている方々，スポーツ医・科学に関心のある方々，おなかを引き締めたいと願っている多くの方々に，私が本書から得た財産を，同じように得られたら，うれしい限りである。

　最後に，本書の翻訳にあたっては，多大な尽力をくださいました大修館書店の山川雅弘氏に大変お世話になったこと。プログラムの解説にアイデアを提供してくれたヤマハラグビー部や東工大附属高校サッカー部の選手，腰痛に対してのアドバイスをしていただいた竹田鍼灸治療院の竹田康成院長，「組織力と個」に対しての概念をご教示いただいた川股要一氏と進藤正幸氏にこの場をお借りして深謝致します。

山口英裕

Contents 目　次

1 高いパフォーマンスを発揮するための強いコア …………………………… 1

- **●コアの重要性** ……………………………………………………………… 1
  動作の安定／パワーの移行／動作の効率性／ボディ・アライメント

- **●コアの発達とストレングスのためのトレーニング** …………………… 6
  ストレングストレーニングの2つの原理／漸増的過負荷／
  絶対的筋力 対 相対的筋力／ダイナミックトレーニング／
  目標の設定／ストレングストレーニングの神話

- **●コアの発達とパワーのためのトレーニング** …………………………… 8
  スピードの発達／個人の遺伝的特徴とスピードへの関連性／
  筋生理とスピードに対するインパクト

- **●アジリティの向上** ………………………………………………………… 13

2 フィットネスのための強いコア ……………………………………………… 14

- **●背部の解剖** ………………………………………………………………… 14

- **●強いコアと腰痛** …………………………………………………………… 15
  脊髄のサポート／骨盤のアライメント

- **●共同トレーニング** ………………………………………………………… 17
  腹筋／背筋／各エクササイズの特徴

- **●腹筋へのアプローチ：目標の設定** ……………………………………… 20

- **●脂肪を減少して健康になる** ……………………………………………… 21
  カロリー不足にする／何を食べるべきか／やり続ける

3 ウォームアップ，ストレッチング，クールダウン ………………………… 24

- **●ウォームアップの方法** …………………………………………………… 25

- **●ストレッチング** …………………………………………………………… 25
  スタティックかダイナミックか／
  ウォームアップとストレッチングはどのくらいすれば十分か／詳細な情報

- **●クールダウン** ……………………………………………………………… 26
- **■スタティック・ストレッチング：胴周りと下腰部のストレッチング** ……… 27
- **■ダイナミック・ストレッチング：胴周りと下腰部のストレッチング** ……… 40

| **4** | トレーニング・ガイドライン | 45 |

| **5** | トランク・スタビリゼーション，バランス・エクササイズ | 54 |

- **スタビライズド・コアの価値** ……………………………………………… 54
- **パワーの伝達** ………………………………………………………………… 56
- **バランス** ……………………………………………………………………… 58
  よいバランスの特徴／ダイナミック・バランス
- **姿勢** …………………………………………………………………………… 59
  良い姿勢の重要性／姿勢の問題／骨盤前方傾斜／骨盤後方傾斜／
  インバランスの問題
- **自動性** ………………………………………………………………………… 61
- **エクササイズ** ………………………………………………………………… 62
- ■ トランク・スタビリテーション ……………………………………………… 65

| **6** | 腹筋フィットネス・エクササイズ | 81 |

| **7** | 腹筋ストレングス・エクササイズ | 129 |

| **8** | 腹筋パワー・エクササイズ | 173 |

- **共同トレーニング** …………………………………………………………… 173
- **機能トレーニング** …………………………………………………………… 174
- ■ パワー・エクササイズ ………………………………………………………… 174

| **9** | 腹筋・背筋のトレーニングプログラム | 210 |

- **腹筋フィットネス** …………………………………………………………… 210
- **腹筋力強化** …………………………………………………………………… 215
- **腹筋パワープログラム** ……………………………………………………… 216
- **トレーニング・バリエーション** …………………………………………… 219

1 高いパフォーマンスを発揮するための強いコア

　上半身や下半身の筋肉によって，作りだされるすべての力は，胴周りと腰周りによって固定されたり，伝達されたりする。体重が均一に分配された想像上の点である体の重心もまた，腰周りに位置している。

● コアの重要性

　動作スキルの成熟は，コアの筋肉から始まり，そこから外へと広がっていく。この過程を説明する正式な用語は，「近位から遠位への発達」である。動作スキルは，幼少期早期にコアの大きくて遅い筋肉から始まる。子どもの成長につれて，コアの大きな動作パターンから体の最小筋肉（遠位筋肉）で支配された微細な動作スキルへと徐々に移っていく。ダーツを投げるような微細な動作スキルや，かごから赤ちゃんを抱き上げるような大きな動作を行うにしても，効率的で効果的な機能を確実に発揮できる強いコアを持っていなければならない。

● 動作の安定

　重心の位置は，体を安定させるために重要であるが，個人によって異なり，どのような活動を行うかによっても変化する。たとえば，棒高跳びの選手が「頂点」でバーを越えるとき，重心は体の外側に位置している（図1-1）。位置を変えることによって，この点は単純に動かすことができるので，自分自身の安定性を調整することができる。

図1-1 重心の位置

安定性を調整するには，支持する土台を広げることと，重心を低くすることが重要である。たとえば，レスラーが足幅を広げて，足首，膝，股関節（図1-2）を曲げることによって重心を下げることができれば，安定性が増して，防御力を高めることができる。また，どうすれば，空手パンチの破壊力を増すことができるか。それは，安定した位置からパンチを繰り出すことである。しかし，重心を継続して移動したとしても（実際に行っている活動にもよるが），通常，重心はそこに残るか近づく。その位置は，へその約5cm上である（防御の上手な選手は，なぜ相手のへそに集中するかという重要な理由である）。

● **パワーの移行**

直立時には，重心はパワーの中心の中間点でもある。連続する競技動作，あるいはガーデニングなどの単純な家事でも，重心と意図する動作の関係を理解することによって，簡単に向上させることができる。パワーの中心の発達は，運動動作を効率的かつ効果的に大きく向上するであろう。「鎖は最強であると同時に最弱である」という諺がある。多くの人にとって，体の弱い連携は，コア（パワーの中心）の弱さである。例をあげてみよう。

鉛筆があなたの脚とする（図1-3a）。そして，世界で一番強い脚を持っている。何百時間も脚力向上トレーニングに費やしてきた。しかし，胴周りと腰周りのトレーニングを怠った。ゼリーがあなたの胴周りとしよう。バスケットボールコーチが，ジャンプしてゴールを触る（床から3m）という，それほど難しくない課題を指示したとしよう。その課題を行おうとして，強力な脚力を使ってジャンプしたとき，そのゼリー

図1-2　重心を低くすることで，安定性が増す

はどうなるか。

　6か月後，腹筋と背筋を鍛えて，岩のような強いコアを持った。「強い脚力を使ってバスケットゴールをジャンプして触るような瞬発的な動作を行えるか」と聞かれた場合，すばらしい結果を残すであろう（図1-3b）。どんな状況でも，脚と同様に岩のようなコアにどんなに大きな力を加えたとしても，コアを通して上半身へ100％近く伝えられるであろう。

　この共同動作は，強いコアが上半身と下半身の動作をつなげたことによって作られた。この例のように，力が3つの関節（足首，膝，股関節）の伸展によって作られたとき，小さいエネルギーは拡散され，大きな鎖（チェーン）の可能性と効率的動作の両方を与える。腹筋（すべての瞬発動作基本部分）は，チェーンの中ですでに弱いつながりではない。投げる，打つ，跳ぶ，走る，芝を刈る，重い箱を持ち上げる，その他の動作中で力の伝達向上という用語を考えてほしい。前述のゼリーを取り除いたら，効果として，動作を行うための上半身と下半身筋肉の大部分を利用する可能性が生まれる。この意味は，より効率的で正確な，そしてパワフルな動作を意味する。パワーの中心を発達させるために，トレーニングプログラムを現代版に変えていくことは悪いことではない。

● **動作の効率性**

　ける，打つ，投げるというような特別な動作中に，コアはどんな役割を果たしているのか。胴周りを動かすために，微細な神経支配と効率的な筋肉システムが要求される。テニスのフォ

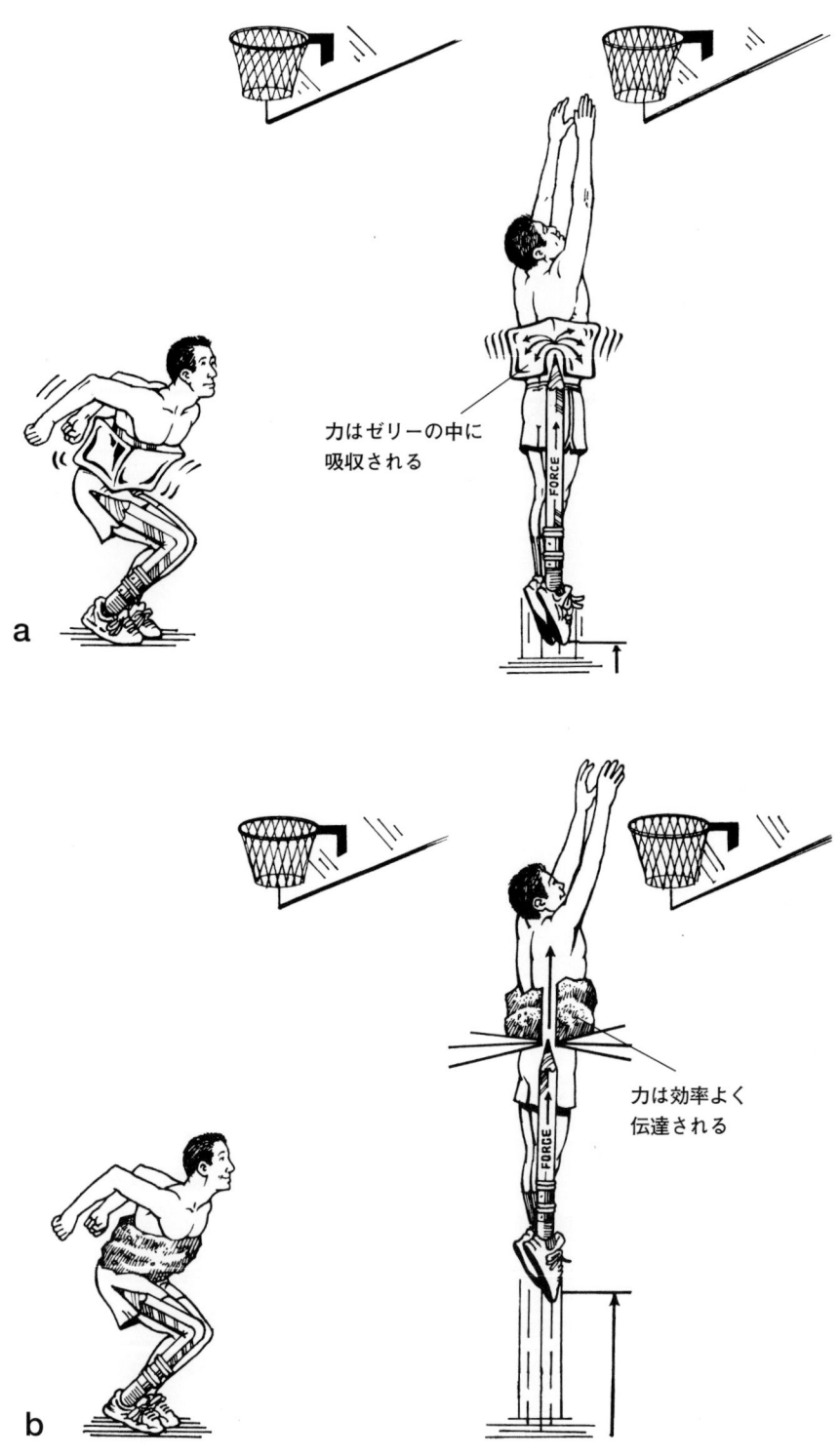

図1-3　弱いコア(a)と強いコア(b)

アハンドとバックハンド，ゴルフと野球のスイング，スラップショット，直球，カーブ，そして特別な打点でのキックなどは，すべてコアによってコントロールされている。よく発達したコアは，不必要な動作はしない。たとえば，短距離走者の目標がまっすぐ走ることであれば，その目標に向かって，すべてのエネルギーが集約される。腕が横から横へ振られる，または膝が横方向へ跳ねることは，まっすぐ走るという目標からはずれる。すばらしい選手は，エネルギーを蓄積する。なぜならば，精巧に仕上げられたコアは，各動作を効果的に作り上げる能力が与えられる。そして，長期間に効率よく動くことができるのである。

● ボディ・アライメント

　重力のマイナス面を埋め合わせすることは，高いスポーツパフォーマンスを発揮する際の鍵となる。この方法のひとつが，正しいボディアライメントを保つことである。力は，直線時に体を通って，もっとも効率的に伝わる。しかし，コアのパワーがよく発達していない場合，選手は，非効率動作（図1-4）を引き起こすような姿勢をしている。そのような選手は，パワーの潜在力を最大限活用することはできないであろう。統制の取れていない，的外れの動作を行い，エネルギーの無駄遣いをする。さらに，正しいボディアライメントを維持する腹筋力に欠けているため，けがの発生率が高くなる。

図1-4　正しいアライメント（左）と間違ったアライメント（右）

コアの発達とストレングスのためのトレーニング

筋力とは，筋肉や筋肉群が，ある一定時間の中で繰り返し，力を発揮する能力と定義される。筋力と筋持久力の両方を発達させることは，ほとんどのハイレベルな競技者がもっとも望むことである。スポーツでは，2人の選手で多くの要素が同じ場合，ストレングスの強い選手が，ほとんどの場合に勝つ。このように，ストレングスは，体力構成の基礎的な要素である。ストレングストレーニングの恩恵を，次に挙げる。

- ■ 筋力の向上
- ■ 筋持久力の向上
- ■ パワーの向上
- ■ 調整力（運動制御）の向上
- ■ けがの発生の減少

● ストレングストレーニングの2つの原理

間違って伝えられているが，一般的に行われているストレングストレーニングについての原理は，スポーツでもっとも必要な体の部分を中心に鍛えることである。たとえば，押す，投げる，引くなどが中心のスポーツでは，上半身のストレングストレーニングを中心に行う。その後，下半身と最終的に（時間に余裕があれば）胴周り周辺を鍛える。ジャンプ，ダッシュ，キックなどが中心のスポーツでは，下半身のストレングストレーニングを中心に行う。その後に，上半身と最終的に（時間に余裕があれば）胴周り周辺を鍛える。選手のフルストレングスとパワーの潜在力を発達させるならば，トレーニングプログラムの中心は，腹筋と背筋（すべての動作はコアから発生している，または関与しているという事実がある）が，特殊な動作，またはスポーツ特性に応じてこれらの主要な筋肉発達によって行われている。

● 漸増的過負荷

ストレングストレーニングの歴史は，ある選手が成功することが相手の死を意味する時代にさかのぼる。そのような時代に，ギリシャのレスラー，クロトナのミロは，筋力をつける方法を考案した。それが，歴史上，最初の漸増的なレジスタンストレーニングプログラムであった。ミロは毎日，子牛を肩に担いで，スタジアムまで歩いていった。牛が幼いときからプログラムを始めて，成長するまで担ぎ続けた（図1-5）。毎日，子牛が重くなり，成長するにつれて，ミロはストレングスが増加することによって，抵抗（牛の体重）が増加することに適応していった。24年間，ミロはレスリングアリーナで無敗を誇った。

原始的であるが，今日でもミロの漸増的なオーバーロードの原則を利用している。筋肉にかけるストレスが増したときに，大きい力を生み出す能力が生まれる。

● 絶対的筋力 対 相対的筋力

あいにく，ほとんどのコーチ，選手，そしてフィットネス愛好家は，絶対的筋力，または筋肉や筋肉群が発揮する最大力によって，ストレングストレーニングプログラムの成功を測る。しかしながら，より正確に測るために，筋力と

図1-5　ミロの漸増的レジスタンストレーニング

体重の比率，または相対的筋力で測る必要がある。相対的筋力は，体重1kgあたりの筋力で表わされる。この方法では，体型の違う2人の選手を比較する場合に，より正確に筋力を比較することができる。たとえば，体重68kgの選手が114kgを持ち上げたのに対して，もう1人は体重114kgで160kgを持ち上げたとする。体重の重い選手は絶対的筋力では高い値を示しているが，相対的筋力をみてみると，体重の軽い選手の方が高い。このことから，体重の軽い選手（1.67kg／体重kg）の方が，体重1kgあたりの持ち上げられる重さは，体重の重い選手（1.40kg／体重kg）よりも重い重さを持ち上げられることがわかる。

● **ダイナミックトレーニング**

胴周りと腰周りの筋肉は，姿勢の維持だけに役割を演じているだけではなく，すべての運動に関連した効率的動作にも反応している。胴周りと腰周りは，終始，無制限方向の動作に適応する。これにより，静的で単方向のストレングストレーニングは，実践的ではない。スポーツにおけるダイナミックな性質は，効果的なストレングスプログラムによって，あらゆる方向への動きに対応した形でコア（パワーの中心）を発達させることによって生まれる。屈曲，伸展，回転，そしてこれら3つの基本的な動作の無制限な組み合わせに関連する動きは，完全にコアを発達させるであろう。すべての競技動作と日常生活は，このダイナミック動作による。この本質的なリンクを強めることによって，トレーニング計画の効果が保証される。腹筋を強化するだけでなく，全身を鍛えるとよい。

● **目標の設定**

選手であろうとなかろうと，トレーニングの目標を設定することなどは重要である。目標が，テニスのストローク速度を増す，または垂直跳

びを7.5cm増やすにかかわらず，どの筋肉が，動作または活動に関与するかを判断して，段階的にこれらの筋肉に負荷を加える。実際の動作中，または競技中の動作パターン，関与している筋肉，またはスピード増幅に近づける特殊トレーニングを含む。そして，徐々に，安全にスキルを上達させる。参考になるように，本書では，異なった速度と角度で行える胴周りと腰周りの多種多様なエクササイズを紹介している。あなたのスポーツまたは活動の要望を調べる。そして，腹筋と背筋の関与を判断して，その要求に合うようなエクササイズを行う。

● ストレングストレーニングの神話（間違った説）

多くの人が，ストレングストレーニングは，肉の塊で，遅い，固い，または重い筋肉を作ると信じている。また，筋肉は，トレーニングを一度やめると脂肪に変換されると信じている。これらの考え方の大多数は，間違ったものである。ストレングストレーニングは，可動域全体で正しく実施した場合，柔軟性を増すことができる。体重増加に関心があるならば，筋肉の大きさが増加し，その結果，体重が増加したとき，大きな力を発揮できるための潜在能力が高まったということを理解しておこう。たとえば，筋肉量5kgの増加は，ちょうど5kgの増加ではない。つまり，ある期間ストレングストレーニングをやめた場合，筋線維の太さが若干，小さくなる。しかし，生理的に，筋線維が脂肪に変化するというのは不可能である。この理由は，選手がトレーニングを減らしたときに脂肪が増加したように見えるのは，ハイレベルのトレーニングに必要なカロリーを摂取する必要がなくなるのにもかかわらず，同じハイカロリーの食事を取り続けるからである。過剰カロリー摂取選手は，脂肪増加の原因になる。

コアの発達とパワーのためのトレーニング

ストレングスの習得は，コア発達の1つの構成要素にすぎない。スポーツ動作は，瞬発力，バリスティック，そしてよくコーディネートされた筋活動を要求する。ストレング能力は，ウエイトルームで作られ，試合や練習において効果的に使うことがストレングストレーニングプログラムの究極の目標である。もっとも強いスポーツ選手は，必ずしももっともパワーの強い選手であるというわけではない。パワーは，ストレングスとスピードによる。つまり，「スピードストレングス」という用語である。パワー増強をもっとも効果的に行うためには，トレーニングのなかに，スピード要素を取り入れなければならない。

$$パワー＝（力 \times 距離）／時間$$

単純に，パワーは，ストレングスとスピードの関係である。

スピードは，A地点からB地点へ移動するの

に費やした時間を指す。A地点からB地点まで距離は，マラソンの42.195km，床からバスケットボールのリングまでの3m，または打席で足を踏み込んだ位置からボールまでの接点の距離かもしれない。ひとたびスピードが，ストレングスと組み合わさったとき，ウエイトルームで費やした長い時間は報われる。そして，スポーツに特異的，あるいは機能的なストレングスをパワーに変換する。

たとえば，2人の選手がベンチプレスを行ったとする。2人は同じ重量を挙げた。最初の選手は，バーを胸まで降ろして，それから腕が完全に伸びきる位置まで押し上げる。時間は，バーがA点（胸）からB点（腕が完全に伸びきった位置）まで3秒であった。2人めの選手は，A点からB点までたった1秒であった。持ち上げた重量は2人とも同じである。しかし，2人めの選手は，短い時間で持ち上げた。このことは，大きなパワーが発揮されたことを示している。

筋力をつけるためには，トレーニングプログラムと同じように，スピードの要素を入れるべきである。スピードとストレングスのパワーを組み合わせることによって，スポーツパフォーマンスをすばらしく発揮することが可能となる。

● **スピードの発達**

パワーにおけるスピード構成要素の発達は，ストレングスを高めることを目的とした通常プログラムとはまったく異なる。一般的には，一貫した漸進的なウエイトトレーニングによって筋力を増加させることができる。しかし，スピードトレーニングは，ウエイトルームへ通うだけの簡単なものではない。スピード発達の要素は，次のことを含む。

1 個人の遺伝的要素
2 筋システムの生理

● **個人の遺伝的特徴とスピードへの関連性**

筋線維タイプ（筋細胞タイプ）は，スピードに影響する。速筋と遅筋という2種類の筋線維タイプがある。速筋は，大きなパワーを発揮するが，疲労するのも早い。体は，無酸素状態で速筋を収縮させるエネルギーを使用する。これらの線維は，100m走，重量挙げ，バレーボールのスパイクのような短くて瞬間的な活動に適している。反対に，遅筋は，収縮のために酸素を必要とする。つまり，クロスカントリースキー，マラソン，ツール・ド・フランスのような持久性の高い運動である。持久性スポーツに参加している選手は，筋肉内に遅筋が高い割合で占めている。これらのスポーツでは，圧倒的に遅筋が使われている。反対に，瞬間的な動作を必要とするスポーツの選手の筋肉は，高い割合の速筋を含んでいる。ほとんどのエリートレベル選手は，遺伝的要因に適しているスポーツを行っている。

私たちは，速筋と遅筋の割合があらかじめ決められて生まれてくる。このことは，たとえ筋肉が，遅筋で占められていたとしても，ずっと遅いままでいるということではない。チーターのように速くなることはないが，常に今よりも速くなることはできる。単純に遺伝的要素を最大限に発揮する方法を学ぶべきである。

1つの方法としては，持っている速筋線維の

より高い割合を利用することである。その例を示す(両選手は,身長と体重が同じと仮定する)。

A選手－速筋52％,遅筋48％
B選手－速筋48％,遅筋52％

両選手は,垂直跳びをテストした。これは,脚パワーを計測するよい方法である。

A選手（速筋が優位）－60cm
B選手（遅筋が優位）－65cm

なぜこのような違いが起こるのか？ A選手の方が遺伝的に優位であるので,B選手よりも高く跳べることが考えられる。筋肉の何％を垂直跳びに使うかを決められることができるなら,A選手は,速筋の75％を使い,B選手は,85％を使っている。

A選手：
遺伝的速筋52％×75％使用＝潜在力の39％
B選手：
遺伝的速筋48％×85％使用＝潜在力の41％

つまり,「遅筋が優位であること」について人が何と言おうと,何と考えようと,だれも潜在能力100％に到達しないのである。そして,向上するための大きな幅がある。トレーニングは,全部または部分的に遺伝要素を上回ることができる。

● **筋生理とスピードに対するインパクト**

潜在力の巨大な蓄積の中に入る方法は,生理的過程で起きる自然的な発達による。

ストレッチ反射

たとえば,パワーのスピード要素は,ストレッチ反射といわれる高度にトレーニングするこ

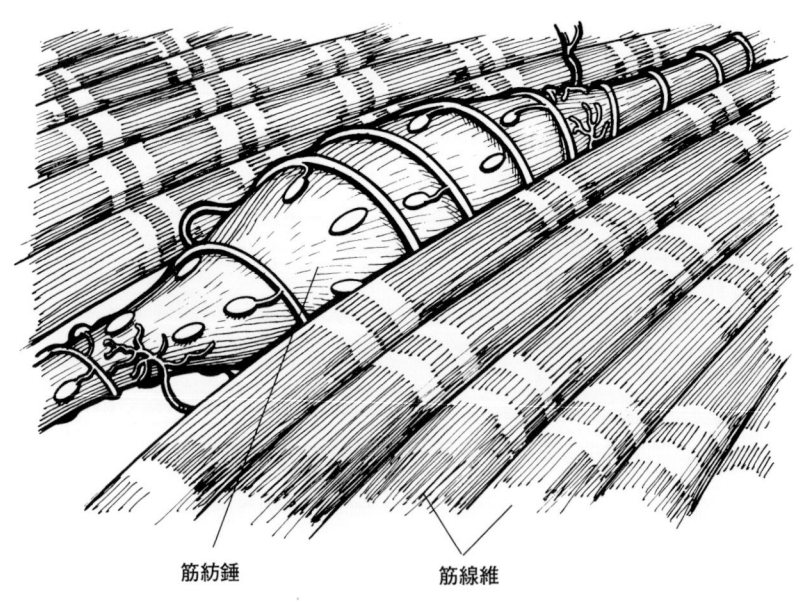

筋紡錘　　　　筋線維

図1-6　筋紡錘

とが可能な性質によって直接，影響を受ける。電子顕微鏡で筋肉を検査した場合，筋紡錘と呼ばれる微細な検知メカニズムを発見するであろう。これらの紡錘は，筋線維（または細胞）のサイズで，筋線維に平行でその中に位置する（図1-6）。紡錘の役割は，ほとんどの競技動作でバリスティックな性質に基づいて起こりうる筋肉の許容範囲を超えて，線維が非常に急速にストレッチされた場合に起こる線維のけがを予防することである。しかし，筋肉は，よりパワフルな収縮をする紡錘を利用することができる。どのように起こるか。図1-7のように，選手は垂直跳び（反動作ジャンプと呼ばれる）を行う。

ジャンプは，重力や体重の影響を受けるが，肩，股関節，膝，足首までの筋肉を急速に伸張させる。紡錘は，伸びたことを感じて，中枢神経システム（脳と脊髄）にその情報を伝達する。反対に，中枢神経システムは，スピードと伸張の強度によるが，その筋肉により強力に縮むよう指示する。この感覚メカニズムが存在しない場合，または何かの理由で機能しない場合，急激な伸張は，確実に傷害を引き起こす。筋紡錘は，その後に，自発的にまたは意識的に反応する。そして，収縮は，選手がより瞬発的な動作が行えるように助ける。

弾性エネルギーの貯蔵

重要な筋の生理学的現象は，蓄積された弾性エネルギーと呼ばれる。ゴムバンドの収縮を考

図1-7　垂直跳び

えてみてほしい。ゴムの伸張を，筋（線維）または腱の伸張部分として考えてみる。ゴムバンドを伸ばすと，ゴムの伸張部分にエネルギーを貯蔵する。片端を離すと，貯蔵されたエネルギー（図1-8）が解放される。しかし，ゴムバンドと筋線維には，重要な違いがある。ゴムバンドでは，長く伸ばすと，よりエネルギーが貯蔵され，そして解放される。それに対して，筋線維の場合は，伸張の程度ではなく伸張のスピードが関係しており，伸張は，瞬間的な収縮中に利用できるエネルギーがどのくらい貯蔵されているかによって決まる。

　筋の遺伝的伸張性の優位さを使うべきである。野球打者が，スイングする直前にバットを引く，または円盤投げ選手が投げる瞬間にスナップ（股関節の回転）するのは，伸張－短縮サイクルのよい例である。この生理学的過程は，確実にトレーニングできる。そして，もっとも漸進的なメニューは，これらの過程を向上させるように設計されたドリルや活動である。

　より少なく伸縮する，伸張－短縮サイクルは，与えられた仕事を行うために筋肉の大きな割合で使用することを助けることができる。その結果，パワーの潜在力は，より開発される。コア部分の優れたパワーは，すべての競技動作を直接，向上させるであろう。筋紡錘と筋弾力性に関するトレーニングのこのモードのための専門用語は，プライオメトリックスと呼ばれる。8章で紹介するいくつかのエクササイズは，特別にプライオメトリックスを使用した腹筋の伸張－短縮サイクルのトレーニングを示している。

　どうして，一般の選手よりも少し深く生理学的潜在力をかじることにより，成功する選手がいるのかは，つねに謎である。しかし，現在の能力がどのような状態であるかにかかわらず，向上できることを忘れてはならない。

図1-8　貯蔵されたエネルギーが開放されると…

アジリティの向上

ストレングスとスピードの重要性を鮮明に理解することにより，未開発の潜在力の巨大な蓄積を利用しはじめることができる。しかし，スピードとストレングスを所有することはその中の1つのことであり，スポーツで使用したりコントロールしたりする能力とはまったく異なることに気づくべきである。運よく，バスケットボール，ラケットボール，テニス，バレーボールのような急な方向転換を必要とするスポーツのために，よく発達されたコアは，アジリティを飛躍的に向上させるであろう。アジリティは，安定性と密接に関連して，スピードを犠牲にしないで正確に方向転換する能力である。これは，ダイナミックバランスとして時々，使われる。多くの選手は，チームから解雇される際，スピードが不足しているからではなく，彼らの持っているスピードを効果的にコントロールできないからである。

アジリティと似通ったスタビリティ，そしてダイナミックバランスは，自動性（キネティクスセンスとも呼ばれる）である。チームメートに簡単にレイアップシュートさせるためにバスケットボールをパスするときに，コート全体を見ることができるという超人的な能力を持っている選手がいることを知っているか。または，ネット側にいるテニスプレイヤーが，相手がロブを打った瞬間にボールを見ないでコートのサービスラインに向かって走る。そしてターンしたときに右足にボールが落ちる。つまり，それにより完璧なフォアハンドスマッシュが打てる準備ができる。これは，「コート感」と呼ばれ，すべての人が持っている（ばらつきはある）性質である。

偉大な選手は，バスケットボール，またはフットボールをすばらしい動きで数秒で運んだときに「頭の後ろに目がある」ように思われる。この能力は，「リラックスした集中力のゾーン」と呼ばれている。ジェリー・ライス，ステフィー・グラフ，アンソニー・ハーダウェイ，グレッグ・マダックス，マイケル・ジョーダンらは，このゾーンで常にプレイしているもっともわかりやすい例である。自動性は，筋肉が，環境と関連して動いていることは知られている。この空間認知は，瞬間の環境のための「感覚」である。スムース，またはぎこちない，感覚効果のない，または強制的な，バランス，または制御不能は，継続的なフィードバックを刺激し，その結果，必要な調整が行える。

最小努力によって最高の結果を達成する能力は，高く洗練された運動感覚の認知を表している。この本の多くのエクササイズを行うことによって，エクササイズの両側（体の両側を働かす）動作は，実際のスポーツスキルととてもよく似ている。スポーツを行う際に必要な特異的スキルを評価する。これらのスキルにもっともよく似たエクササイズから選択する。そして，動作とスキルに必要なコア筋肉を発達させることに集中するとよい。

2 フィットネスのための強いコア

競技のパフォーマンスのためのコア発達について，主に説明してきた。しかし，強いコアは，一般の人の健康やフィットネスのためにも重要である。たとえば，腰痛は，米国の成人において，もっとも一般的な慢性疾患の1つである。人口の約80％は，人生のどこかで，腰痛を抱えるであろう。腰痛は，どの労働障害よりも労働時間を奪っている。慢性的腰痛は，毎日，数百万の人々を苦しめている。保険会社は，予防可能な腰痛の治療費に数億円も支払っている。選手は，腰痛の体を衰弱させる効果から逃れられない。1995年，プロテニス選手の38％は，腰痛障害により，少なくとも1つのトーナメントを欠場している。

● 背部の解剖

脊髄は，とても複雑な構造で，胸骨と肋骨と一緒に体の胴周りと腰周りを構成する骨格の基礎を構成する。健康な成人の脊髄は，26の脊椎骨が，頭蓋骨底から骨盤の前部まである。

脊髄は，弱い脊椎を包み，生命の保護をすることである。コアの筋肉によって助けられる脊髄は，頭を保護し，直立姿勢を保つ手助けをし，そして曲げたり捻ったりを含む多数の動作を容易にする。各脊髄間には，椎間板がある。この円板は，固い外側，軟らかくてゼリー状のような物質で輪状に包まれた線維軟骨で構成されている。これらの円板は，動作や衝撃収集作用のために圧縮する。あいにく，この複雑な構造を，下手な持ち上げ動作，立ったり，座ったり，睡

図2-1　悪い姿勢では腰に負担がかかる

眠したり，または歩いたりといった悪い姿勢（図2-1）で酷使して傷つけ，たいていの場合，形状を壊していく。

強いコアと腰痛

何が原因で腰痛が起こるのだろう。誰もはっきりと知らない。しかし，柔軟性の欠如，悪い姿勢，肥満，ストレスと張り，そして運動不足などすべてが，腰痛の原因の可能性である。弱さや筋力アンバランスを含む筋的要素は，直接的または間接的に影響している。

● 脊髄のサポート

弱い胴周りと腰周りは，的外れの動作を引き起こす。そして，非効率的な動作は，とくにその選手が疲労している場合，傷害の原因の素となる可能性がある。強い背筋は，脊椎の安定性を増し，椎間板周辺の靭帯や結合組織のようなサポートしている構造への過剰ストレスを防ぐ。強い腹筋は，ウエイトベルトがワークアウト中のウエイトリフターをサポートすることと同じように，内圧増加によって脊椎のサポートに貢献する。この増加した内腹圧は，椎間板への負荷を軽減する。

● 骨盤のアライメント

骨盤のアライメントは，下腰部の筋肉によっても影響を受ける。過剰な前方（前部）または後方（後部）への骨盤傾斜は，腰痛と関連している。2対の相反する筋肉は，骨盤周囲の構造を維持するために合わされる。股関節伸筋が骨盤を前傾させている間，股関節屈筋と腹筋は，骨盤を後傾させる。この周囲の片方または両者

腰痛予防

下記の予防的評価から腰痛を避ける手助けをする。

1. 新しいエクササイズメニューを始める前に医師に相談する。腰部や腹部のけがから復帰する場合，医師やアスレチックトレーナーが，コアのトレーニングメニューの中に含めたいすべてのエクササイズを承認すること。

2. 時々，医師は腰痛の原因を誤診をする。ストレスや疲労の兆候を見逃す。つまり，痛みがある場合，整形外科医に相談する。医師や理学療法士は，わん曲症，側わん症，または脚長差相違のような構造上の相違に対する治療を処方してくれる。

3. コアエリアをサポートする筋力の強化。これについては，本書が参考となる。

4. 常に運動するために準備する。ウォームアップとクールダウン中のストレッチングを含む。硬縮しがちな，これらの筋肉に集中する。（3章のウォームアップ，ストレッチング，クールダウンを参照）

5. 常に，重いものを持ち上げるために脚を使う。膝を曲げて，腰をまっすぐ，そして体は，その対象（物）に近づける。

6. 肥満を避ける。とくに体の真ん中の周囲。これは，骨盤の前方傾斜を引き起こし，腰の張りを引き起こす。

7. ストレートレッグ・シットアップスのような腰に負担がかかるようなエクササイズは避ける。腰痛の可能性があると診断されたことのある人は，またはすでになっている人は，この本でスポーツ特性に応じたエクササイズをより多く行うべきである。

8. もっとも大切なことは，常に良い姿勢を保つようにすることである。

のストレングス，または柔軟性の欠如は，悪いアライメントを引き起こす。結局，腰痛が発生する。赤ちゃんを抱く，落ち葉を掃く，または長時間椅子に座るなどの日常動作を行える適切なストレングスを持つことは，腰痛の頻度と重症度を軽減する鍵である。

共同トレーニング

胴周りと腰周りは多くの動作に適応する。コアのすべての筋肉は，これらの多くの機能をするために一緒に働いている。しかし，胴周りと腰周りの筋肉周囲は，離すことができる。それによって，特異的な動作のためのストレングスとパワーを発達させることができる。さまざまな角度と挑戦的な方法でコアの各部分を鍛えたならば，すべては，よりパワフルになる。これが，共同という概念である。

腹部の筋肉は，相互依存と知られている。トレーニングプログラムを作成したら，弱い筋肉に最初にストレスが加わる。そして，プログラムが進むにつれて，強い筋肉動作に集中する。これは，ワークアウトを乗り切るのに重要である。そして，正しいテクニックで練習することに疲れることなくもっとも効率的に時間を使う。

コアは，体のいくつかの最大の筋肉を含む。共同の考え方にならうならば，胴周りと腰周りのすべての筋肉は，効率性機能の向上のためには，均等に，そして段階的に鍛えられるべきである。似たように，さまざまな動作は，総合発達に結びつくに違いない。

● 腹筋

腹部のおもな筋肉は，図2-2で紹介している。連携しているこれらの筋肉は，脊椎を前方に，そして横方に曲げて，下半身と上半身を回転させる。そして，前述したように腹部を圧縮する。これらは，腰をサポートするための内圧を発生させるのに重要である。その上で，腹圧をコントロールする能力は，横隔膜呼吸技術の手助けをするであろう。腹斜筋は，妊娠や出産を経験する女性にとって，とくに重要な筋肉である。平らな妊娠前のおなかを取り戻したいですか。それならば，腹斜筋を鍛える。

● 背筋

腹筋のように，背中の筋肉は，脊椎が正しく機能するために非常に重要である。つまり，パワー発揮のためである。

図2-3にあるような筋肉は，腰部の機能維持を助ける。背部にある脊柱部筋群筋，あるいは僧帽筋，菱形筋，闊背筋，鋸筋などの表面筋は腰部，あるいは上半身の安定性と動きに関係している。臀部と脚の筋は骨盤を安定させ，骨盤の回転を調節している。とくに大殿筋やハムストリングスのような，臀部の伸筋群や屈筋群は，腰の動きに直接関与している。パワーの中心であるコアの筋肉を向上させるためのトータルトレーニングを作成するために，これら基礎となる筋肉群に負荷をかけるような運動を取り入れる必要がある。

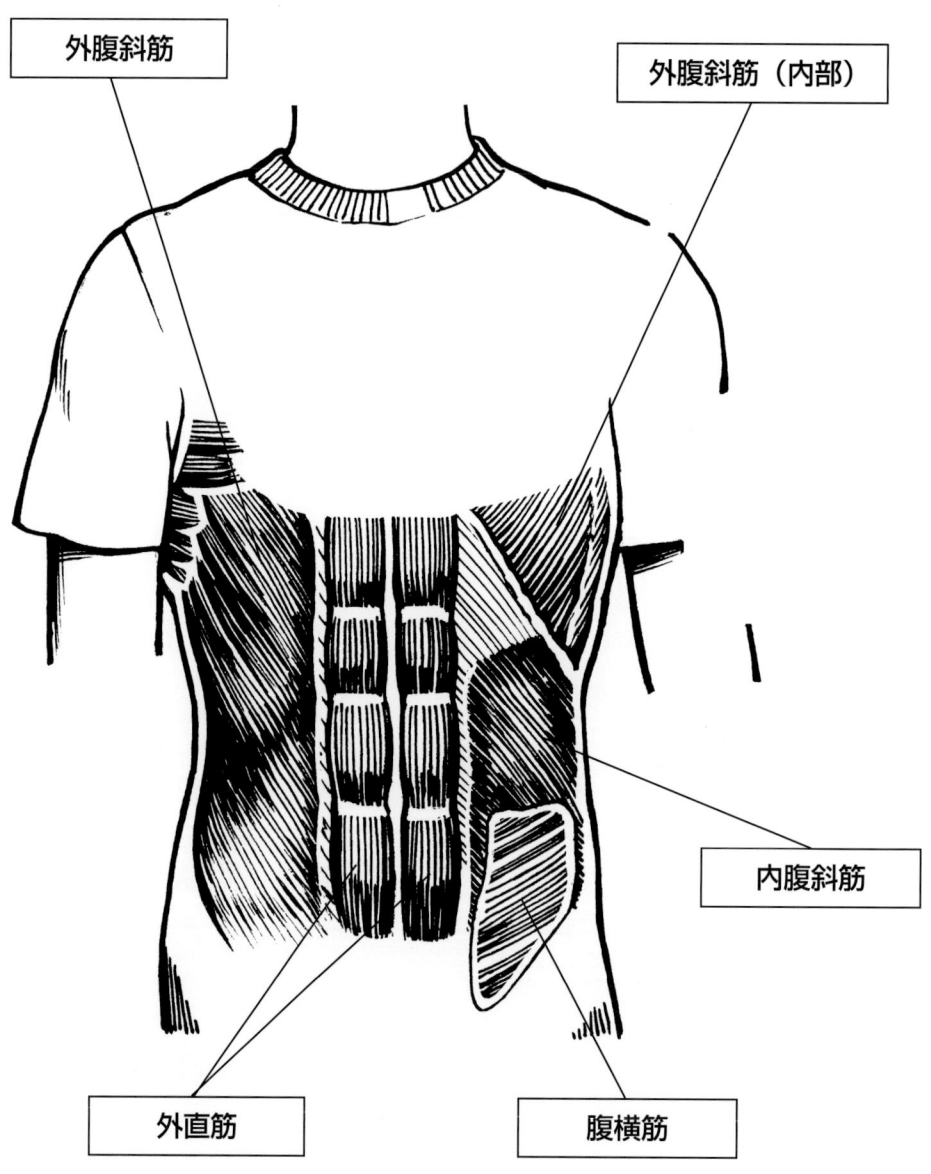

図2-2　腹部のおもな筋肉

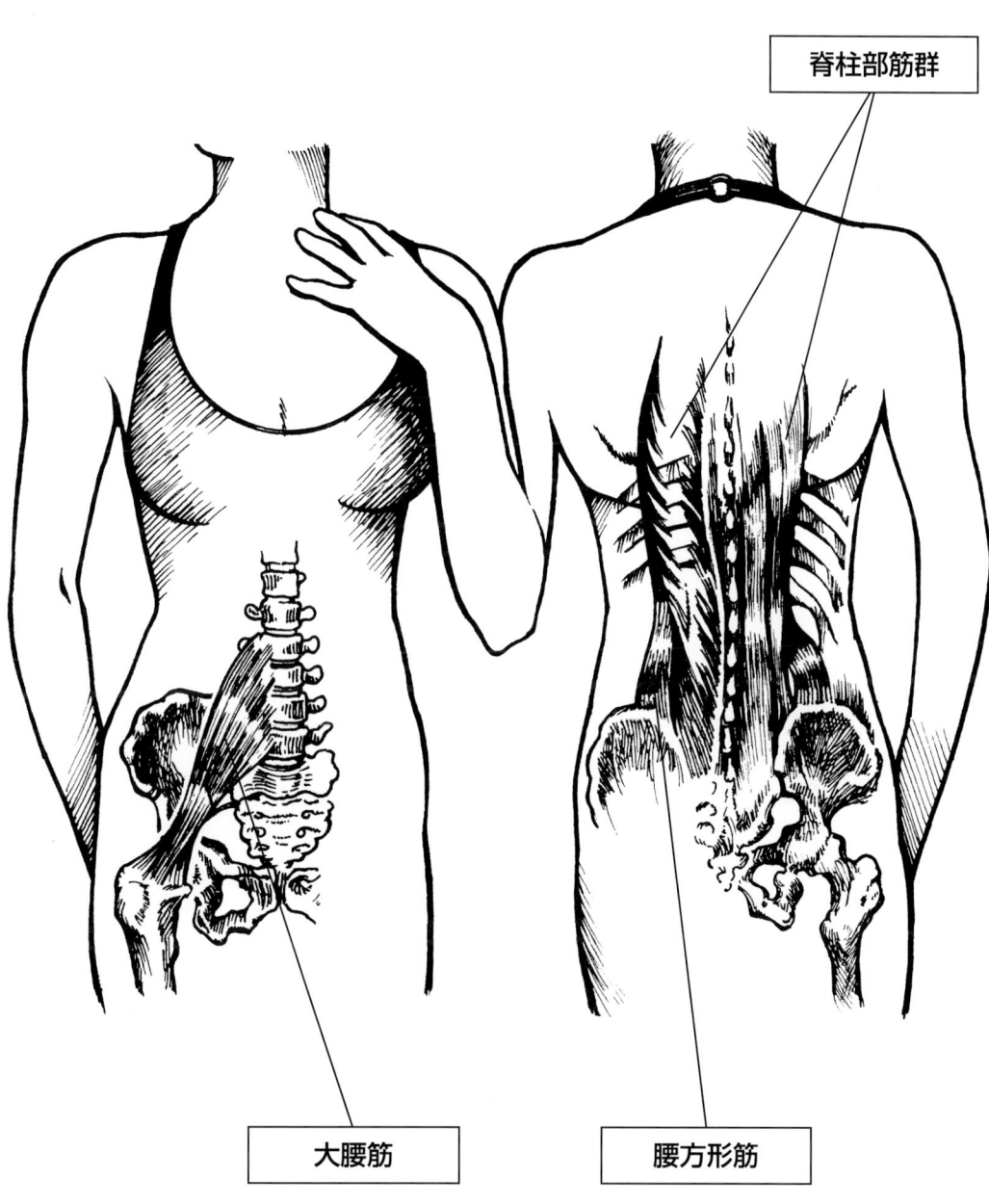

図2-3　腰周りのおもな筋肉

● **各エクササイズの特徴**

わかりやすくするために，解剖的な名前ではなく，コア筋群の各部位から照らし合わせてみよう。各エクササイズは，胴周りと腰周りの特異的なエリアにおける固有動作，または発達に関連している。いくつかのドリルの応用として，一部位から別の部位へと移行することができる。部位は次のとおりである。

腹直筋	内腹斜筋と外腹斜筋
下腹部	腹直筋下部と腹横筋
上腹部	腹直筋上部
腰	下腰部筋肉

ある部位のエクササイズを特定するということは，他の筋群が，関与していないという意味ではない。たとえば，あるエクササイズが，下腹部の主要な動きを伴うとした場合，胴周りと腰周りの支持筋肉は，主働筋として働く。それらは，挙上を助けるかもしれない。とくに，主働筋が疲労してきた時である。これについては，4章の「トレーニングガイドライン」で詳しく述べる。

腹筋運動のみに限定した場合，あなたの腹筋は，床から45度以内の可動域内で動く（図2-4）。45度以上の動作に協調していない場合，強い大腿部前部（大腰筋と内転筋など）の筋肉が，主動筋として働く。スポーツでは内転筋の使用頻度が高く，注目されるが，コアトレーニングにおいて，中心として集中するべきではない。

腹筋へのアプローチ：目標の設定

どうして腹筋を強化したいのか。なぜかを決めて，それから要求に応じた腹筋トレーニングプログラムをデザインする。

腰のリハビリテーション，それとも予防，または痛みの軽減を行いたいのか。一般的な健康増進とフィットネスレベルを向上したいのか。体重を減らす，増やす。トータルボディのトーニング。ボディビルダーになる。競技力の向上。運動メニュー開始初期のやる気は，人によってさまざまである。

現実的な目標を設定しよう。すべてのボディビルダーのプライドと喜びである筋肉質でしまった腹筋は，筋肉量増加にライフスタイルを捧げた結果である。ボディビルダーが表紙を飾っている雑誌を時々見かけるが，遺伝要素ならびに，ダイエットとウエイトトレーニング場での無制限時間を費やした結果である。筋肉質でしまった腹筋を夢見ることは，やる気を高める要素である。一部の人には可能であるが，ほとんどの人は，達成できない目標である。何を向上させたいのか決める。現在の身体状況がどんなであっても，常に向上することができることを忘れてはならない。

しかし，やる気がどうであれ，コアの強化は，トータルボディフィットネスにおいて必須である。完璧なフィジカルフィットネスを達成するための第一歩にすぎない。健康な肉体を造る新しいコアを発見するために実施しよう。

図2-4　腹筋運動の可動域は床から45°以内

● 脂肪を減少して健康になる

　腹筋運動は十分か。脂肪が毛布のように腹筋を包んでいたらノーである。皮下の脂肪組織が，腹筋を隠しているなら，筋肉質でしまった腹筋を見ることはむずかしい。腹筋が強いことは知っているかもしれないが，誰も脂肪を失くすまでわからない。つまり，多くの間違った指導をされたフィットネス愛好家は，脂肪燃焼のために無駄なレッグ・レイズ，または腹筋に何時間も費やしている。しかし，「部分減少」にエネルギーの無駄遣いをしてはいけない。なぜならば，効果がないからである。唯一の解決法は，脂肪を失くすことである。

　多分，腹筋に多くのセットを行うことに興味がないであろうし，腰痛のリスクを軽減したり，最小限に抑えるプログラムにも興味がないであろう。このことはよいことであるが，健康とフィットネスの見地からは，脂肪をコントロールして手に負えなくならないようにすることが重要である。

● カロリー不足にする

　余分な体脂肪を減らす一番の方法は，カロリー不足を作り出すことであり，カロリー消費が，カロリー摂取（食物摂取）よりも大きくすることである。このためにいくつかのオプションがある。

①カロリー摂取を減らす
②カロリー摂取を維持して，カロリー消費を増やす
③カロリー摂取を減らし，カロリー消費を増やす
上記のオプションの組み合わせが，もっとも一

般的である。なぜならば，必要以下の食物摂取を減らすことは，カロリー摂取を減少させることよりも効果が少ないからである。運動量増加は，総カロリー消費を向上させ，ひいては健康になる。

　1kgの脂肪は，7,000カロリーと同等である。1週間のコース中に，食事から500カロリー／日減らした場合，理論上では，500g／週の脂肪を減少させることが期待できる。ところが，1日500カロリーの食事制限をすることは，トラウマになる可能性がある。よい方法は，運動をして，3,500カロリーを燃焼させて消費することである。たとえば，200～300カロリー／日（表2.1）を余分に消費すると，食事は，200～300カロリー制限するだけでよい（より現実的な数値に近づく）。1週間で脂肪を500g減らすとよいだろう。

表2-1　運動におけるエネルギーコストのまとめ

[B.J.Sharkey, 1997, Fitness and health, 4th ed. (Champaign, IL: Human Kinetics Publishers, Inc.),239-241から引用]

活　動	カロリー／分
ボーリング	7.0
ゴルフ	3.7-5.0
ウォーキング（5.6km／時）	5.6-7.0
サイクリング	5.0-15.0
カヌー（4km／時～6.4km／時）	3.0-7.0
スイミング（23-46m／分）	6.0-12.5
ランニング（9.6km／時）	12.5
ハンドボール	10.0
スキッピング・ロープ	10.0-15.0
ランニング（12km／時）	15.0
ランニング（16km／時）	20.0

注）体重が70kg以上の場合，7kgを超えるごとに10％加える。体重が70kg以下の場合，7kg下がるごとに10％差し引く。

● **何を食べるべきか**

　あなたの身体活動に応じて，他の人よりもカロリー消費を若干ふやす必要があるかもしれない。つまり，より多く，またはより少なく，食事習慣によってである。スポーツ選手は，一般の人よりも多くのカロリーを必要とする。一般的には，身体活動のレベルや食事習慣にかかわらず，炭水化物から60～70％，タンパク質から10～15％，脂肪は30％以下（うち10％以下の飽和脂肪酸）を摂取する。

一時的な流行ダイエットは避ける。体脂肪率と摂取カロリーを監視して必要に応じて，調整する。食べる量が重要ならば，炭水化物とタンパク質1gは4カロリーで，脂肪1gは9カロリーである。つまり，脂肪の2倍，炭水化物とタンパク質は摂取しても，まだ少ないカロリーである。正しい情報として，高いエネルギーを維持して，低カロリーダイエットをしながら，毎週0.5〜1kg減量することは可能であり，脂肪減少のための賢明な目標である。エクササイズと賢明なダイエットを行った数か月後に，正しく引き締まった体ができあがるだろう。

● **やり続ける**

　計算は簡単だが，実行は難しい。立派な資料は，やる気を引き起こす。正しい情報は，Nancy Clark's Sports Nutrition Guidebook（第2版）から得られる。タイトルにスポーツという言葉があるが，この本の情報は，フィットネス愛好家にも同じように恩恵が得られる。飲食について大きな変更をする前に，医師や栄養士に相談することが必要である。必要な情報を見つけて，それをやり続けることが大切である。

3 ウォームアップ ストレッチング クールダウン

　腹筋メニューを行う前に，ちょっと考えてみよう。ほとんどのけがは，負荷に耐えるための適切な準備ができていないことによって起こる。つまり，「やりすぎ」の結果である。トレーニングの準備としての腹筋のウォームアップと腹筋のストレッチングは10分ぐらいである。ウォームアップの主な目的は，エクササイズのために，体を準備することと，筋肉や結合組織（筋が骨に付着するための組織）のけがを予防することである。

● ウォームアップの方法

　ほとんどのウォームアップには，歩行，ジョギング，柔軟体操のような動的な動きが入っている。スポーツ選手の場合，ウォームアップが，実際に行うスポーツ，ポジション，または練習に近い動作の場合，とくに有効であろう。これは，動作スキルコーディネーションシステムを準備したり，運動感覚を高める。低強度のウォームアップは，筋肉内で，血液による栄養素の運搬と酵素活動の増加を刺激する。すべては，正確性，筋力，スピード，そして筋肉と腱の伸張性を向上させ，けがの発生を減らすことができる。

● ストレッチング

　全関節の可動域を，筋や構造の影響を受けて動く関節の能力が柔軟性である。個人によって異なる。ある人はとても緩くて，関節の柔軟運動を行う必要がない。また，ある人はとても硬い。どれだけの柔軟性を持つべきか。必要な動作が簡単に行える柔軟性があるならば，棒にぶら下がったり，平行棒で開脚するなどで十分である。

● スタティックかダイナミックか

　本書で紹介しているメニューは，主にスタティックストレッチングである。選手だけでなく一般の人にも有用となるために，スタティックメニューによって，胴周りと腰周りを適切にストレッチングすることである。スタティックストレッチングは，はじめはゆっくりと筋を伸ばし，心地よいと感じるところ（痛みを感じてはいけない。最低でも10秒間は保持する。15〜20秒を推奨する）で保持する。自分の限界を知るために，筋肉の許容範囲を超えてストレッチングすることは避ける。ストレッチングは，筋の柔軟性を向上させる最善の方法である。つまり，軟部組織（筋肉と腱）におけるけがの頻度と程度を減らす。胴周りと腰周りに必要なスタティックストレッチングを解説した柔軟性を向上させるメニューは，6章と7章に示している。ダイナミックストレッチングは，より運動感覚を必要とし，平均的なフィットネス愛好家のもつ体の限界の知識を必要とする。つまり，一般の人にはあまり勧められない。競技者においても，このストレッチングがしっかりと個別に対応していない場合，けがの発生率が増える。上級パワーを向上させるエクササイズ（8章）とスポーツ動作の瞬発的特徴，ダイナミックなメニューは，注意が必要だが，効果は高い。それ以外は，スタティックストレッチングを行った方がよい。

● ウォームアップとストレッチングはどのくらいすれば十分か

　歩行，ジョギング，柔軟体操のような低強度の運動を3〜5分取り入れる。そして，残り5分は，全身をカバーする6〜8種類のストレッチングを選択して，運動に必要な筋肉のストレッチングに費やす。とくに硬い部位を重点的に行う。もし全身を意識的に行う場合，ストレッチングの時間を増やす必要があるであろう。

● 詳細な情報

　本書ではコアを向上させるためのストレッチングに限っているので，次のストレッチングは体の特異的な部位を扱うものとして紹介する。トータルフィットネスの観点から，体の主要なすべての筋肉をカバーする柔軟性メニューを行うことを勧める。ストレッチングについてより詳しく知りたい場合，「イラストでわかるストレッチングマニュアル」（大修館書店）などの専門書を購入することを勧める。

クールダウン

　クールダウンを忘れてはいけない。いかなるトレーニングプログラムの中でも，もっとも大切なものの1つである。ストレッチングは，プログラムの中で効果的な部分である。長い練習の後で5〜10分のクールダウンを行うことは，あまり行いたくないのは理解できるが，クールダウンはもっとも重要なのである。

　運動中，体には，エネルギー消費，筋線維破壊，体温上昇，心拍数増加，そして他の生理現象が起こっている。運動中，これらすべてのストレスに適切に対応できない場合，倒れてしまい，メニューを消化することができない。しかし，ストレス後に効果的な回復をした場合，ストレスを受ける前よりも能力が向上するであろう。つまり，これが，トレーニングによる体力レベルの向上である（図3-1）。

　クールダウンは，回復過程を促進する。スタティックストレッチングをゆっくりとした歩行，ジョギング，柔軟体操のなかに取り入れることによって，筋肉内に残された乳酸（ATP合成によって造られた物質）の除去，筋線維のマイクロ剥離の修復，体の冷却システムの促進，そして心拍数の低下を手助けする。これらすべては，次の運動への効果的な準備となる。

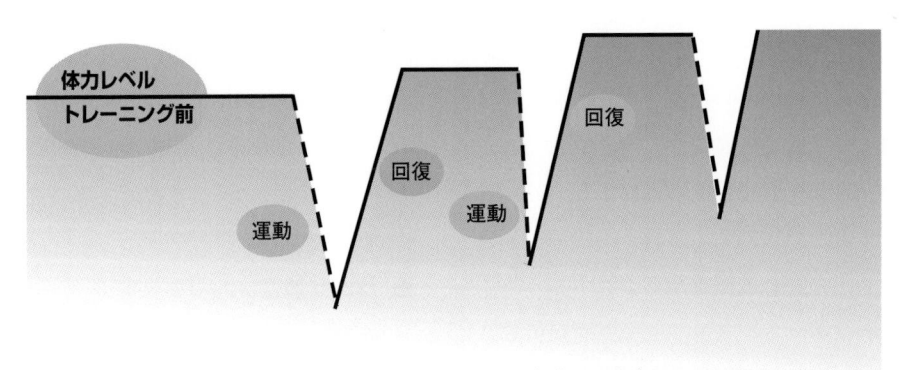

図3-1　トレーニングによる体力レベルの向上（プラス面）

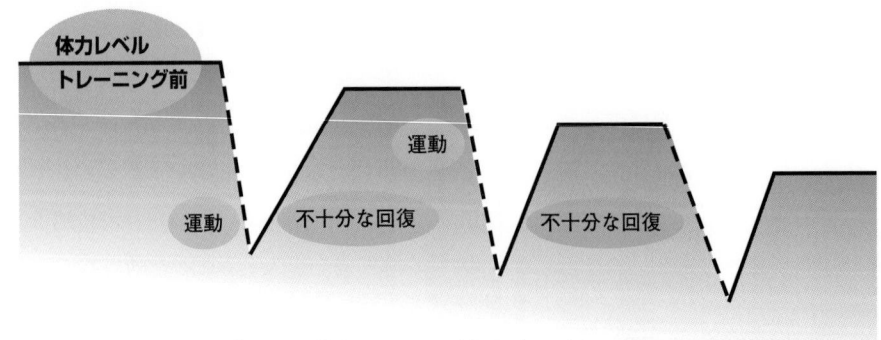

図3-2　トレーニングによる体力レベルの低下（マイナス面）

Static Stretching Guidelines

スタティック・ストレッチング ガイドライン

■ 反動や急激な力によって，スタティックストレッチングを行わない。一度，気持ちのよい張りを感じたならば，最低でも10秒間（15〜20秒間を推奨する）は，その姿勢を保つ。そして，リラックスして，また繰り返す（時間の許す限り何度か繰り返す）。

■ 呼吸はゆっくりと規則正しく保つ。これは，体がリラックスすることを助け，伸張過程を促進する。

■ 例を参考に，正しい技術に注目して，ストレッチングをしたい筋肉が伸張するようにする。

| スタティック：立位 | は、動作のしかた（状態）と姿勢（位置）を示している

胴周りと下腰部のストレッチング

スタンディング・スパイラル・ツイスト

スタティック：立位

背中を開く方向へ向けて，開く方向（パワーラックやドア）から30〜60cm離れて立つ。後方のラック，またはドア枠をつかむ。ゆっくりと体を両サイドにひねる。

ロー・バック・プレス

スタティック：立位

両足をそろえて立つ。ゆっくりと上半身を曲げて，膝にくっつける。両手で両肘をつかみ，腕をロックする。ゆっくりと両脚を伸ばす。背中を「押し上げる」ことに集中する。

正しく行った場合，両脚は，けっしてまっすぐになることはない。

注意：腰痛経験のある人は，このストレッチングを避ける。

サイド・ベンド

スタティック：立位

両足の位置は，肩幅よりやや広めに開く。左手を左腿の外側に置き，右手は頭の右側に置く。ゆっくりと左に曲げる。左手は，左足外側に沿ってスライドさせる。両側で行う。

シーティド・キャット

スタティック：座位

椅子に座りながら，ゆっくりと前に曲げて，椅子の脚をつかむ。背中をゆっくりと押し上げる。

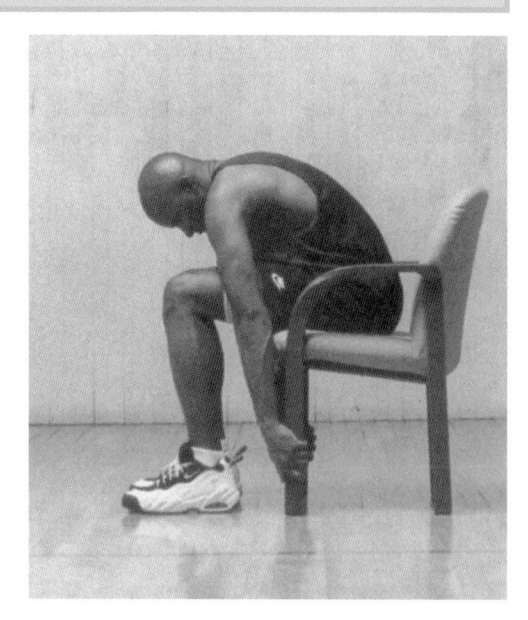

マッド・キャット・アーチ

スタティック：床

両手と両膝を床につける（四つんばい姿勢）。顎を引いて，腹筋を引き締める。骨盤を傾けて，持ち上げる，または背中を「丸める」。

マッド・キャット・レッグ・エクステンション

スタティック：床

マッド・キャット・アーチの背中を「丸めた」姿勢から、右膝を曲げながら、右肩の方へ挙げる。そして、ゆっくりと脚を伸ばして、頭を上げる。このようにして、背中をまっすぐにする。両側を行うことを忘れない。

マッド・キャット・プログレッション

スタティック：床

両手のひらを床につけたまま、膝を曲げて、頭上方向へ両腕を伸ばす。臀部をかかとにつける。ゆっくりと右側から左側へと反対へ押す。

注意：膝に問題がある場合、このストレッチは避ける。

トータル・ボディ

スタティック：床

両腕と両脚をまっすぐ伸ばして仰向けになる。できるかぎり体を伸ばす。

注意：ストレッチングをより効果的に行うために，ソファーの脚のような重いものをつかむことによって，上体を固定するとよい。

クロスド・レッグ

スタティック：床

脚を交差した姿勢で，背中を伸ばして頭を上げる。上体を左膝へ傾け，その位置を保つ。右膝の方向にも同じようにして行う。

シーティッド・ストレート・レッグ

スタティック：床

ハムストリングスをストレッチすることがおもな目的である。しかし，ハムストリングスの硬い人は，下腰部のストレッチングとして，最良である。両脚をつけて伸ばした座位姿勢で，背中を伸ばして顔を挙げ，ゆっくりと気持ちよく伸ばされている感じがするまで前方に倒す。呼吸はしっかりと行うことを忘れないこと。

ロール・バック

スタティック：床

柔らかいマットのようなシートの上で，膝の後ろで腕を組んで，肩がつくようにゆっくりと後転する。顎を胸にしっかりとひきつけて首に体重がのらないようにする。もとの姿勢に戻って繰り返す。

注意： 脊髄に問題のある人は，このエクササイズを控える。

レッグ・スプレッド

スタティック：床

座位姿勢で，開脚して，つま先を天井に向ける。背をまっすぐ伸ばして，顔を上げる。息をゆっくりと吐いて，左足のほうへ倒して，その姿勢を保つ。反対側も繰り返す。もし必要ならば，両手を床についてより多くのサポートをする。

レッグ・スプレッド・プログレッション：サイドストレッチング

スタティック：床

同じような開脚姿勢で，足の方へ状態を反転するのではなく，顔をまっすぐ前に向けたままで行う。右腕で天井につくように伸ばして左側のつま先へ倒す。反対側の腕と手の位置に注意する。反対側で行う。

ダブル・ニー・トゥ・ショルダー

スタティック：床

仰向けに寝て，膝の後ろで両脚をつかむ。背筋をまっすぐに伸ばし，両膝を肩のほうへ引く。ストレッチング中は，床と脊髄が引き続き接地しているように保つ。

シングル・ニー・トゥ・ショルダー

スタティック：床

仰向けに寝て，左脚の膝の後ろをつかむ。ゆっくりと左膝を左肩のほうへ引く。背中をよりストレッチングさせるために，床から肩を10～15cm浮かして，その姿勢を保つ。

シングル・ニー・プログレッション：ベント・ニー・トゥ・サイド

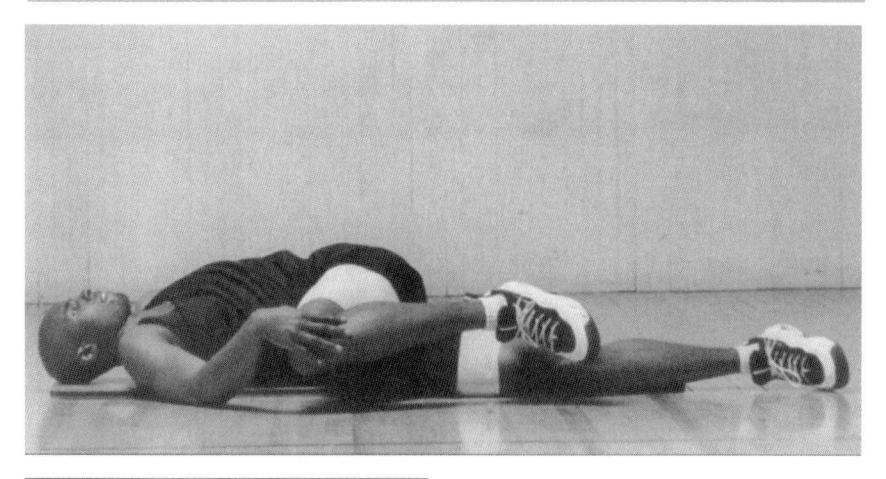

スタティック：床

下腰部をうまくストレッチするために，シングル・ニー・トゥ・ショルダーと同じような姿勢で始める。そして，肩を床へつける。左膝は曲げたままで，肩に近づける。右手を取って，膝を曲げて右側へ体をやさしく引く。床の両肩がしっかりついていることを確認すること。

シングル・ニー・プログレッション：ストレート・ニー・トゥ・サイド

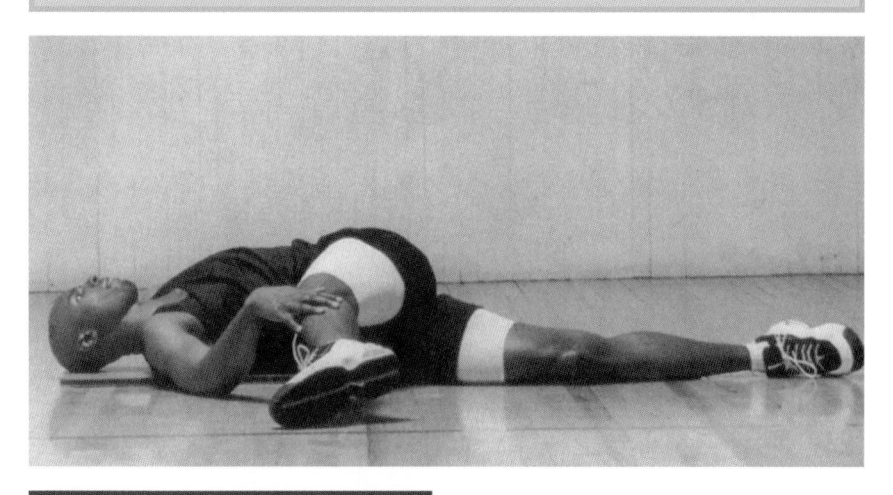

スタティック：床

膝を肩に近づけて，左の曲がっていた膝をまっすぐ伸ばし，ゆっくりと右側に倒す。肩を床にしっかりとつけたままにする。

シングル・ニー・プログレッション：クロス・レッグ・ベント・ニー

スタティック：床

曲げた膝を反対側の手と引くとともに，左膝を曲げたまま保つ。左足は床につけたままにしておく。右脚を左脚に交差して（右足首位置を左膝やや上に置く），右側に両脚を落とす。再び，両肩を床につける。

インバーテッド・ハードラー

スタティック：床

床に座って，背筋を伸ばして頭を上げて，左脚を伸ばす。左脚の内側に右足裏をしっかりとつける。左足に集中する。息を吐いて，ゆっくりと伸ばした右脚のほうへ傾ける。頭は持ち上げたままで行う。

インバーテッド・ハードラー・プログレッション

スタティック：床

曲げている右膝の上に左手を置く。天上を向いて、まっすぐ伸ばした左脚のつま先のほうへ右手を頭上を越えて伸ばす。肩の位置に注意する。

インバーテッド・ハードラー・プログレッション：プレッェル

スタティック：床

インバーテッド・ハードラー姿勢のまま、曲げた右膝を持ち上げて、伸ばした左脚に交差して、右足裏を床につける。右膝外側に左肘をつける。右にひねる。柔軟性が向上するとともに、回り込んで、左手とともに伸ばしている脚へ「フック」する状態になる。これは、レベルの向上を促し、ストレッチングが向上するにつれて、この作用が大きくなる。

> ⚠️ **警告**
>
> 次の３つのストレッチングは，少しリスクがあるが，最良の腹部ストレッチングである。各ストレッチングは，背中を若干反らすことを要求される。もし，背を過伸展することに違和感がある，または医師より禁じられている場合，これらの３つのストレッチングは行わず，適切なストレッチングを選ぶこと。

アブドミナル・ストレッチ

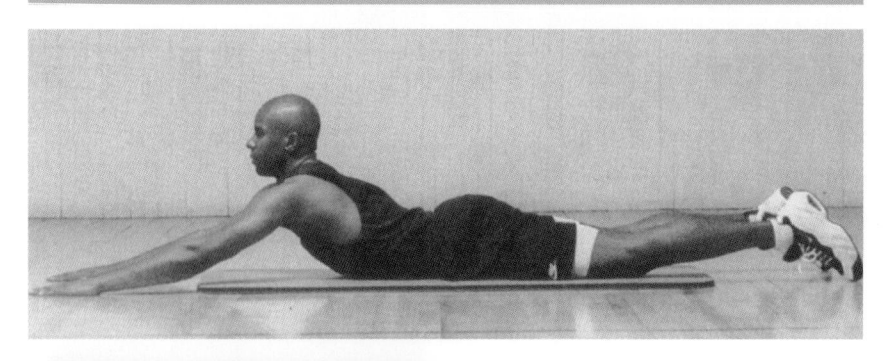

スタティック：床

うつ伏せに寝て，頭上に腕を伸ばして，両手は床につける。ゆっくりと上体を床から持ち上げる。

アブドミナル・ストレッチ・プログレッション：肘下

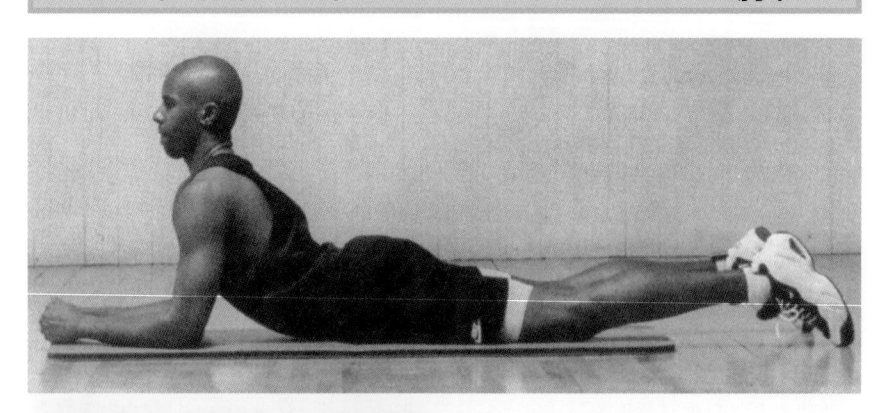

スタティック：床

うつ伏せに寝て，頭上に腕を伸ばして，両手は床につける。ゆっくりと上体を床から持ち上げる。

プローン・ツイスト

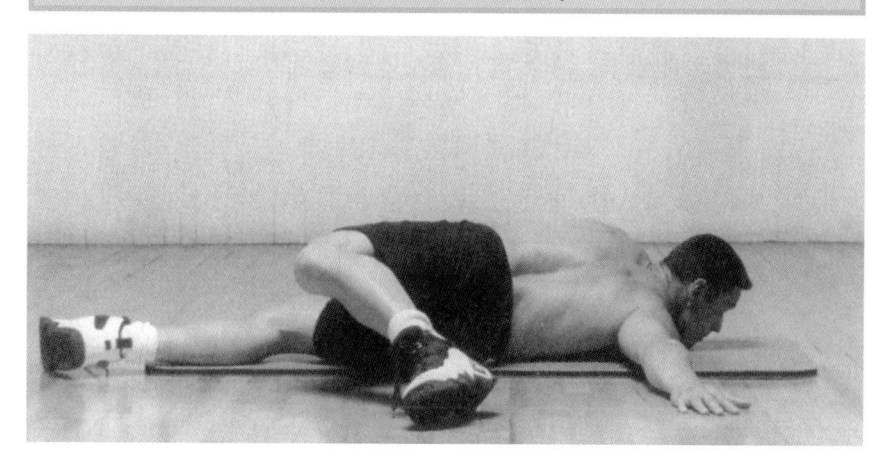

スタティック：床

うつ伏せのまま，体と直角に両腕を伸ばす。左足を持ち上げて，左足が，右手に触るようにねじる。両肩は床につけたままにする。

Dynamic Stretching Guidelines
ダイナミック・ストレッチング ガイドライン

■これらのストレッチングはダイナミックで，時々，「すばやく」を含む筋のストレッチングである。しかしながら，ほとんどのバリスティックな性質を持つスポーツ動作を比較すると，これらのストレッチングは，傷害発生のリスクはもっとも少ない。もし，選手がダイナミック・ストレッチングの厳しさに耐えられない場合，強度の高い競技の中で傷害発生のリスクが高まるであろう。一般的なフィットネス愛好家は，これらのストレッチングは，十分に注意して行う必要がある。

`ダイナミック：立位` は、動作のしかた（状態）と姿勢（位置）を示している

胴周りと下腰部ストレッチ

パンターズ・ストレッチ

`ダイナミック：立位`

左足つま先は壁の方を向いて，左脚で立つ。壁に両手をつけて，肩は壁に向けたままにする。ゆっくりと右脚を横に挙げる。軽い抵抗感と一動作後，左足と臀部を軸として，右脚をフットボールのパントのように動かす。下腰部と臀部がストレッチされていると感じるようにする。

フル・レンジ・トランク・ツイスト

ダイナミック：立位

肩幅よりもやや広めに両脚を開いて，両手は腰に置く。ゆっくりと時計回り方向に上体をひねる。腰を反らしすぎないように注意深く行う。5〜10回続けて行い，それから反対方向を行う。

ショート・ランジ・トランク・ツイスト

ダイナミック：立位

このストレッチングとフル・ランジ・トランク・ツイストの違いは，両足がそろっていて，動作が，短縮されて素速い。両手を腰において，円を描いて臀部を「押す」感覚を感じるべきである。

ハンギング・ツイスト

ダイナミック：立位

足が床につかないで体が伸びきるのに十分なチン・アップ棒の高さが必要となる。握りやすいグリップを取って，両手は，肩幅に開いて，横から横へとゆっくりと体幹を反転させる。両脚で反動をつける。

棒を使ったサイド・ベンド

ダイナミック：立位

両脚は気持ちよく開くが，肩幅よりも広く立つ。肩に棒を担いで，グリップを広く持つ。この位置から，エクササイズは，ダイナミック，またはスタティック・ストレッチングのいずれかを行うことができる。ダイナミック・ストレッチングは，横から横への継続動作が組み入れられ，スタティック・ストレッチングでは，各サイドで少なくとも10秒間の静止が要求される。

棒を使ったトランク・ローテーション

ダイナミック：立位

肩に棒を担いで，両脚は肩幅に開く。上半身を左と右に何回かひねる。
座位でも，このエクササイズを行うことができる。

棒を使ったテニス・サーブ・ストレッチング

ダイナミック：立位

肩に棒を担いで，両腕は伸ばして，両脚は肩幅より広く開く。膝を少し曲げて，ゆっくりとひねり，左手は右踵を指す。ゆっくりと連続的に動かしながら，反対側も行う。

トレーニングガイドライン 4

　懐疑論者に反するかのように，アメリカでのフィットネス熱は，ますます高まっている。ますます多くの人々が，健康増進に興味を持つようになっている。不幸なことに，一時的に流行するプログラムは，精力的なエクササイズと流行のダイエットによって「参加者をスマートにする」ことを約束し，これによって，新たな問題を引き起こす。幸運なことに，単純なエクササイズを規則的に，かつ安全に行うことによって，多くの身体的問題を減らすことができるのである。

　トレーニングは，体内のビルドアップとブレークダウンシステムの両方ができる。もっとも効果的なプログラムの可能性を作る両方の過程を理解しなければならない。不適切なトレーニングは，けがの発生の可能性が高くなる。賢いトレーニングは，けがの予防を強調する。たとえば，ランナーの半数近くが，腰や膝に問題をどこかで抱えるであろう。多くの要素は，筋肉のアンバランス，不適切なメカニズム，筋力不足，柔軟性不足，間違った靴のような不適格な用具，トレーニング技術不足，またはオーバートレーニングなどである。これらのアンバランスは，けがを引き起こしやすい。アンバランスを取り除く，あるいはそれを避けることは，コアから始める。コアを向上させていく前に，いくつかの注意しなければいけないことがある。

　本書では，多くの腹部と腰部のエクササイズを紹介している。これらのエクササイズは，フィットネス愛好家にとっては「危なっかしい」メニューも含まれている。しかし，すべての異なった体のタイプ，特殊な疾病，けが，またはメカニカルな問題を考慮することはできない。そのため，このようなことが気になるようであ

れば，いかなる新しいプログラムを行う場合でも，これらのドリルを選ぶ際に，リスクがあったり，どのレベルから始めるべきかなどを決めるために，医師，コーチ，アスレチックトレーナー，フィットネスインストラクターに相談する必要がある。

　1つめに，適切なスタートレベルを確認できたら，正しいトレーニング過程に沿って行い，正しい技術を維持しながら，費やした時間と努力からもっともよい効果を得られるようにするための日常の運動として確立する。最初に，重い抵抗や量を増やす前に，各エクササイズのステップを学習して習得する。抵抗や回数を増やすために技術を犠牲にしてはいけない。正しい技術から外れているならば，悪い動作パターン，筋肉のアンバランスの発達（均整の取れない筋力発達），またはけがを引き起こす予行演習をする。ワークアウトを最大限にする方法は，ドリルの説明どおりにしっかりと行うことである。

　2つめに，軽量負荷と低回数のトレーニングを始めて，それから徐々に負荷，または高回数のトレーニングを行う。本書は，安全にメニューをこなすことができるようになっているが，自分の技術が上級レベルに適しているかどうかを判断しなければならない。

　3つめに，エクササイズは，しばしば重要な効果を生み出すのに十分である。最初の数か月間は，エクササイズを週に4～5日実施することを勧める。一度，目標（たとえば筋肉質でしまった腹筋，腰痛の除去，競技力向上，筋力とパワーの向上など）に到達したならば，期間（1セット毎の回数）と週2回程度に頻度を減らすことができる。そして，良好な状態を保つ。

（注：NBAニューヨーク・ニックスでは，「3日実施＆1日休息」，つまり，3日間連続でコアのトレーニングを行って，1日休息するという形で行っている。）

　コアは，どのくらいの頻度でトレーニングすることがよいか，しばしば問題になる。期間は，ワークアウトの長さ（セット数による計測と各セッションの回数）による。強度は，抵抗，さまざまなエクササイズのスピードの追加や差し引きにより決定される難易度である。

　目的の達成後，いくつかのワークアウトを省くことができる。低強度にするということではない。強度を減らした場合，急速なマイナスのトレーニング効果をもたらす。数か月に及ぶハードワークによる劇的な変化は，トレーニングをやめるとすぐに，その効果が消えてしまう。同じように，散発的なエクササイズは，最初にコアをフルに発達させること，またはパフォーマンス向上，もしくは腰痛のつらさや発生率の減少はできないであろう。規則的なトレーニングをライフスタイルへ取り入れることができた人たちだけが，この恩恵を受けることができる。

　これまでも述べてきたが，さらに次のようなことに注意する必要がある。

■一般に，両側（二重）のストレート・レッグ・レイズ，ストレート・シット・アップ，ローマン・チェア・エクササイズ，下腰部のアーチを造るいかなるエクササイズも避ける（図4-1）。腰筋は，大腿部から骨盤を通って，下腰部に付着している。脚がまっすぐになっている場合には，腰筋は緊張状態にあり，下腰部を引っ張っている。腰痛がないならば，ちょっと試してほ

図4-1　腹筋運動の禁止事項

しい。脚をまっすぐ伸ばして，仰向けに寝る。脚を床から数cmゆっくりと挙げて，下腰部の下へ手を置いてみる。床と下腰部の間に空間がある場合，脊髄は過度に伸ばされ，危険な負荷がかかっている可能性がある。このように，脊髄を過度に伸展させるようなエクササイズを避ける必要がある。

■脊髄の過度の伸展の逆である，脊髄の過度の屈曲もまた，注意が必要である。これは，「フル」シットアップエクササイズの欠点の1つである。腹筋は，可動域の0〜45度以内で動作している。45度を超えるいかなる動作も，股関節伸筋群と腰筋に過剰に負荷をかけることにな
る。完全に前に起き上がった場合，脊髄は「完全屈曲」となる（図4-2）。脊髄が完全に屈曲し，椎間板への圧力が上昇すれば，椎間板の変性を引き起こす可能性がある。スプリント，ジャンプ，キック，股関節のバリスティックで瞬発的な屈曲を要求する運動を行わなければ，可動域を0〜45度以内で収縮する運動を行うことによって，腹筋を強化する運動を行うことができる。

■体重や抵抗により，手と腕の位置が，働いている筋に対してかかる負荷に違いが生じ，結果としてエクササイズの効果に違いが生じる。抵抗が軸点から遠くなればなるほど，腹筋への負荷は大きくなる。エクササイズによって，軸点

図4-2　腹筋の禁止事項

は異なるが，一般的には臀部と腰の間に位置する。図4-3（a, b, c）の写真は，カール・アップを3つの異なった腕の位置で行っていることを示している。なお，カールアップでは，軸点は腰に位置している。図4-3aでは，腕を前に伸ばしているため，重心は軸の近くにある。この位置では，腹筋運動によって，上半身を持ち上げることは大変ではない。図4-3bは，腕の位置が中間にあり，aの場合に比べて，抵抗は軸から遠い位置にある。そのため，上半身を持ち上げる際の腹筋への負荷は大きくなる。図4-cは，腕を頭の後ろにおき，さらに抵抗が腰にある軸点から遠くになっている。そのため，3つの例の中で，腹筋にかかる負荷は最大である。

　腹筋のトレーニングについて詳しくない，あるいは腹筋が筋肉質でしっかりしているというよりゼリー状のキューブに近い場合は，腕を軸点に近い位置に持っていって，エクササイズを始めるとよい。筋力が向上するにつれて，腕を，腹筋に徐々に負荷がかかる位置に移動していく。しかしながら，腕の位置を決めるときに，技術をけっしておろそかにしてはいけない。このことは，疲労が見え始めたときに，とくに注意が必要である。図4-4は，追加で数回のエクササイズを行うために力を振り絞って頭と首を引っ張っている場合である。この場合，けがのリスクが高まり，とくに疲労の蓄積が正しい技術を邪魔する。首のけがのリスクを少なくするためには，腕の位置を軸点に近い姿勢に近づければよい。

■筋力が発達し，腹筋がゼリー状から硬い岩の

図4-3a　抵抗は軸点に近い

図4-3b　軸点は，aに比べて少し遠くに

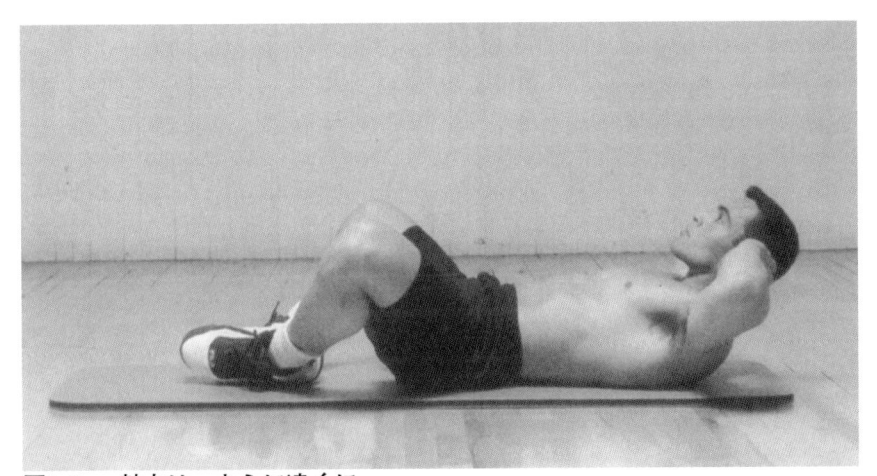

図4-3c　軸点は，さらに遠くに

図4-4　頭と首が屈曲しすぎている

ような状態に変化するにつれて，電話帳やアイロン台のような重さを加えたり，あるいは腕の位置を，最初は胸の上に置いてたものをしだいに頭の後ろへと移動する必要性を感じるだろう。負荷を増加させる際には，技術を犠牲にしてはいけない。

■脚の位置は，エクササイズの効果において重要な役割を果たしている。腹部の軸点の例（図4-3a,b,c）から，ここでは脚の機能について説明する。軸点から脚の重量が遠くになればなるほど，上半身を持ち上げるためのてこの力は大きくなる。そのため，腹筋のプログラムを始めたばかりであれば，現状の腹筋力レベルを知るために，脚の位置をさまざまに変えて運動を行うとよい（図4-5）。

■始めたばかりの多くのフィットネス愛好家は，補助なしのエクササイズを行うために必要な腹筋力を持っていないかもしれない。そのため，プログラムの継続をすぐにやめてしまうかもしれない。この場合には，腕を軸点から近い位置に置き，脚を伸ばすことだけでは，プログラムを継続することができないかもしれないので，他のオプションを試すとよい。手で軽量のウエイトを持つことによって，軸点にさらに負荷をかけて行う（図4-6）。

これでもまだ，実施が難しい場合，パートナーの手をつかみ，起き上がることを補助してもらう。自分の腕を引くことは避ける。パートナーが補助をしている間，腹筋を収縮させることに集中する。すべて失敗に終わった場合には，両足を動かないようにして，起きあがる際に，股関節伸筋の補助として，まったくワークアウトをしないようにするとよい。動かない物に引っかけるか，パートナーによって押さえるようにして，両足を動かないようにする。エクササイズの焦点は，腹筋上部から，腹筋上部と下部，股関節伸筋群に移る。この場合でも，正しい技術で行うことを厳守する。股関節の関節可動域は，45度以下に保ち，下腰部はサポートされ，弓形に曲がらないようにして，動かしている筋に集中する。

・筋力を向上する，腹筋を引き締めるなど，目的が一般のフィットネスの場合，エクササイズをゆっくりとコントロールして行う。慣性を利用して行う「ジャーキング」は，腹筋が働く割合を減らす。

■とくにハイレベルのスポーツ選手は，8章のドリルのアウトラインを勧める。一般的なフィットネス愛好家は，これらのエクササイズを行う際には，十分に注意して行うか，できない場合には無理して行わないようにする。

■すべてのエクササイズ中，呼吸はリズミカルで自然に行う。けっして息を止めないこと。一般的には，収縮時や挙上時に息を吐き，リラックス時や下げる時に息を吸う。可能なかぎり，鏡の前でエクササイズを行うことを勧める。これは，視覚でフィードバックすることができ，正しい技術をより速く向上させることになるからである。

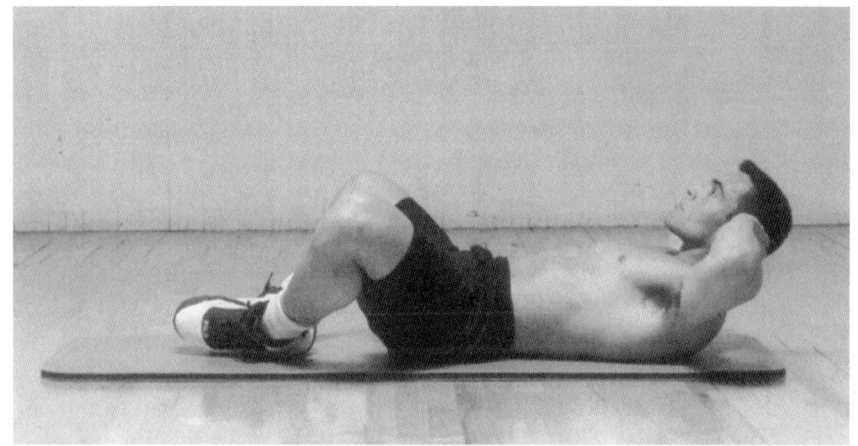

図4-5　腹筋力のレベルを知るために，脚の位置を変えてみる

図4-6　手でウェイトを持つことによって，行いやすくなる

トレーニング　ガイドライン

コア発達を最大にするために，次のガイドラインを守るとよい。

■常に疲労する弱い部位を最初に行う。腹筋は下記の順序で行う。

1. 腹斜筋
2. 腹筋下部
3. 腹筋上部

■腹筋上部は腹筋下部と腹斜筋の動作を助けるので，最初に疲労させないことが重要である。これは，他のコア筋力を減少させる。コアの共同作用を向上させたり，あるいは完全に発達させるために，強い筋肉だけを動かすように制限してはいけない。それよりも，メニューの中にすべての部位の筋をトレーニングすることが大切である。

■メニューをバランスよく行う。常に拮抗筋を同じように鍛えて，筋のアンバランスを予防する。たとえば，腰筋は，腹筋の拮抗筋である。

■すべてのセット実施中は，しっかりと収縮させるようにする。セット間では，しっかりと休息し，セット中は，けっして休まないようにする。

■腹筋のプログラムを始めたばかりの場合，正しい動作を補助なしで行える筋力がつくまで，異なった腕や脚の位置で動作を体験すること。

■原則として，腹筋の可動域は，45度以内にする。特例して，いくつかのレベルの高い種目では，動作を促進させるために大腰筋（小腰筋）とその共同筋を使う（8章参照）。

■腹筋は簡単に疲労するので，最後の数回を何とか行おうとするあまり，おかしなやり方で行う可能性が高い。けっして技術をおろそかにしてはいけない。

Guidelines

■多様なエクササイズを選び，計画的に混ぜよう。異なった角度から胴周りと腰周りを行うことは，全体の発達を促し，反対側の筋の回復につながったり，退屈を避けることができる。

■ウォームアップとクールダウンをトレーニングプログラムに常に取り入れる。

■プログラムを漸進的に実施するために，筋力の増加にともなって，徐々に1セット毎の回数とセット数を増やす。注意しながら抵抗（たとえば，電話帳，アイロン板，リストウエイト，またはそれらに類似した物）を加えることがたいせつである。セット，回数，抵抗を増やしても，常にフォームや技術を正しく行うことに注意しなければならない。

■動作のリズムやスピードは，エクササイズの強度と可動域によって異なってくる。原則として，ほとんどのエクササイズは，ゆっくりと行い，パワーエクササイズは，それより少し速めの速度で行う。エクササイズの名前の下に記しているリズムを推奨する。動作中に異なったスピードを試してみるのもよいかもしれない。たとえば，2秒であげて，1秒停止，そして4秒で下げるなどである。

スロー	:	ゆっくりとしたリズム。1～数秒間で1回。
ミドル	:	中間のリズム。毎秒1～2回。
ハイ	:	速いリズム。毎秒2回以上。
ハイパー	:	爆発的リズム。瞬間的に可能な限りの力を発揮する。おもに，メディシンボールを使用したエクササイズに使用する。

■トレーニングをやめると，増加分はすぐに減少することを忘れないように。

5 トランク・スタビリゼーションバランス・エクササイズ

　フィットネスクラブの中をぶらぶらと歩いて，大きくて，色とりどりのボールが置いてあり，「子どものおもちゃが，どうやってウエイトルームに入り込んできたんだ」と思ったことはありませんか。自分自身でも，そのボールをドリブルやパスをしたことは1度や2度ある。または，私の周りにいるフィットネス愛好家の頭を叩いたりした。そして，インストラクターに「セラボール」で遊ばないように厳しく指導された経験がある。これらのボールは，多くの用途，オリジナルな目的，そして私たち独自の方法がある。この単純な器具で，多くのトランク・スタビリゼーション，柔軟性，そして筋力強化のエクササイズにおいて，安全でかつ効果的に行うことができる。このボールを使う前に，スタビライズド・コアの価値を検証してみよう。

● スタビライズド・コアの価値

　腹筋と腰筋は，姿勢，脊椎（脊椎下部）支持，そしてトータル・ボディ・バランスを制御する際に重要な役割を果たしている。したがって，よく発達したコアは，けがの発生を少なくしたり，けがをしたとしても重大なけがに至らなかったりするとともに，より効率的な動作につながる。リフティング，良い姿勢，バランス，歩行，ゴルフクラブのスイング，ランニング，バスケットボールのダンクシュートは，コア筋肉が効果的に関与しなければ行うことはできない。

　あいにく，現代の日常生活では運動不足にな

りやすく，これは体の重要な骨格システムの破壊を進めることとなっている。速いペースで進んでいると思われる私たちの社会では，事実，身体的にはほとんど動いていない。振り返ってみると，疲労は，社会や職場での過酷な労働の結果である。祖父世代の身体的労働に関連した疲労は，ストレスに関連した疲労に変わってきた。現在では，感情のストレスはしばしば，交通渋滞，コンピュータウィルスにより紛失した提案書の再作成などというような莫大な時間の浪費の結果である。

　動作は，生活の基本であるが，私たちは動かない社会に住んでいる。私たちの多くは，朝，ベッドから飛び起きて，パンとコーヒーを急いでとって満員電車に乗って職場に行く。椅子に座る。通勤電車に乗って家に帰る。ソファーに座ってテレビを見て，そして寝る。この繰り返しである。どれほど，私たちのコア筋力が弱くなり，肩こりなどが増え，コア筋力の効果が低下しているかがわかる。長時間，動かないこと，悪いコンディショニング，不適切な状態で長期間の座ることや立っていること，そして長年にわたる悪い姿勢は，しだいに骨格機能の低下を招く。関連した主要な大筋群の筋力低下は，筋のアンバランス化，関節の硬直，腰や他の関節のけがにつながるが，大筋群の筋力低下を小筋群が補って，全体のシステムを調整しなければならない。

　医師の診察を受けることは，体の問題点を治療するという，一般に認められた方法となっている。ところが，この方法は受動的なものであり，健康とフィットネスの能力を高めるものではない。それに対して，エクササイズは，体のすべてのシステムを正しくて効率的な機能を保つ手助けをする。悪い姿勢に制限されることなく，体格などの体のデザインに対応した動きを自由に行うことによって，不適切な機能は取り除くことにつながる。そのことによって，心や体の状態を高めることができ健康となる。自分のフィットネスとパフォーマンスの可能性をコ

図5-1

ントロールすることを回復しなければならない。バランス，安定性，姿勢をコントロールをする場合，動作は，無駄なエネルギーを最小限に抑えて，コントロールされたパフォーマンスを導くことによって効率がよくなる。こうしてエネルギーを保護することによって，身体的あるいは精神的なストレスに適切に対処することができ，選手は，少ない疲労で長期間，高強度の運動を行うことができる。

東洋の思想家は，このような考え方を何千年もの間，説き諭してきた。胴周りと腰周りを安定させる技術は，食べることや眠ることと同様な毎日の習慣である。哲学的な要素に基づく技術は多くある。体の機能の効率性を最高にすることにより，生活の質を高める。アジアの武道は，練習時間を「腹（コア）：私たちの体の中心」を向上するために，最大限割いている。

強いコアによって可能となる筋肉のリラクセーションは，より自由度の高い動き，よりパワフルな動き，より無駄のない動きをすることにつながる。もっとも重要なことは，効率的な動きができるようになり，エネルギーを蓄えることができることである。エネルギー供給能力が向上することによって，身体的能力のすごさを感じはじめるだろう。

制御された体の動きもまた，スキルの正確性の必要条件である。たしかに，正確性は，コアで始まる。その上，コアのパワーの向上は，骨格筋システムから正確に手足（遠位筋）に伝えることができなければならない。

● パワーの伝達

トレーニングの目的は，コアの莫大なパワーの可能性を，エネルギーの浪費なしに段階的に小さくて弱い筋肉を通し，体全体に伝達することである。たとえば，肘と手首を固定して，人差し指を伸ばしてから友だちを押してみてほしい。骨盤周囲の筋肉で作り出された力は，最小限のエネルギーの損失で，コアから伸ばした腕を通じて指先へ伝達される（図5-2a）。押した結果，バランスを失わないとしても，少なくても違和感を感じるであろう。もし，肘のように連鎖の中で1つの関節を曲げた場合，コアによって作り出された力は，肘を曲げたことによって消失する。言い換えると，コアの強い筋肉は，効果が弱くなると，押そうとしてもくすぐることと同じくらいの力しか発揮できなくなる（図5-2b）。

スプリンター（p.5，図1-4参照）の肩，臀部，膝と足首は，均整が取れていることを思い出してほしい。ストライドを繰り出す段階で，スプリンターは，コアとその反対を通る下半身の筋肉によって作り出されるパワーの効率的な経路ができ上がる。このアライメントを向上させるために強いコアを造る。

Trunk Stabilization and Balance Exercises   57

図5-2　生みだした力をうまく伝達すると…

バランス

バランスは，体の正しいアライメントの結果である。コアと脚，腕，手と頭の正しい関係は，正しい体のアライメントを向上させる基本である。

● よいバランスの特徴

競技の観点から，バランスのとれている選手は，一般的に次のような特徴がある。

1 膝は，まっすぐよりも屈曲し，低重心姿勢をとる。
2 支持の基礎は，両足を広くひろげる。通常は平行。
3 体重は足の拇指球の上にある。
4 重心はダイナミックに動く。選手は継続して素早く動くが，動作をコントロールして，突然の方向転換に反応する。

位置を移動したり，不安定な状態で平衡を正確に調整する能力や，重力に対して常に抗するような状態で自分の限界を理解する能力は，バランス能力の高さを示すものであり，ハイレベルの選手たちが持っている能力である。

● ダイナミック・バランス

バランスの保持と安定は，ダイナミックな過程である。意識的な努力なしに，体の筋肉システムは，常に収縮や弛緩を繰り返して，座る，立つ，歩く，走る，または他の思いつく姿勢を持続している。体は，常に安定状態を獲得しようとしている。体の働きの中で，いくつかのメカニズムは，この狙いを達成している。フィードバックの関連する原因は，次の2つである。

1 前庭器：垂直位置から，ずれるような体の特殊な感覚に関する情報を中枢神経系へ伝える器官として内耳内にある器官。
2 感覚受容器：伸びた筋肉と関節角度の変化の強度や速度を感じる筋紡錘やゴルジ器官のような筋肉と関節内の器官。これらの感覚器は，バランスを瞬時に必須の調整をして必要な入力を提供する。

稼動している受容器というのは，居眠りをちょうど始めたときに邪魔されて，突然，現実に引き戻されたようなものである。燃え盛る炎の前に大きな椅子に座っている姿を想像して欲しい。ドストエフスキーの小説「罪と罰」を読書していると，目は徐々に閉じ，頭はゆっくりと前に傾いていく。首の後ろの筋紡錘は，首の筋肉が伸びる感覚を感知して，筋肉を収縮させて，頭を持ち上げる姿勢に素早く調整する。散漫な感覚器は，忙しく作動しなければならない。安定，バランス，姿勢支持点から，洗練された感覚受容器は，けがの発生を減少させることと同様に，フィットネスと競技パフォーマンスを向上させる。

姿 勢

長年，私たちの両親は，「まっすぐ立ちなさい」，「背筋を伸ばしなさい」といい続けてきた。いったい，姿勢の何がそんなに重要なんだろう。

● 良い姿勢の重要性

悪い姿勢は，バランスに影響を及ぼす。直線が，もっとも効果的に力を伝達することができることを覚えておいてほしい。押す，または爆発的な動作中に弓形を直線にするようにしている以外は，明らかに，脊柱は自然にわん曲している。姿勢の悪い人は，直線に乏しい。力の伝達に好ましい道筋は，骨格システムを通してである。しかしながら，悪い姿勢では，コアの外側の小さくて弱い筋肉は，力の伝達経路として働かなければならないので，力の伝達を迂回させることになる。多くの無駄なエネルギーは，その後，より深刻に破損することを避けられない。これは，無数の機械的で構造的な問題につながることになる。

● 姿勢の問題

長年の悪い姿勢は，若干の違和感からひどい痛みまでさまざまな症状を引き起こす。ひどい場合には，手術をしなければならないこともある。悪い姿勢に関する，2つのもっとも一般的な変性は，図5-3に示している。

● 骨盤前方傾斜

図5-3は，一般的な特徴を示している。この特徴は，多くの場合，40歳という年齢に達するまで，大きな問題を引き起こすことはない。骨盤傾斜そのものは，腰痛の大きな原因ではない。

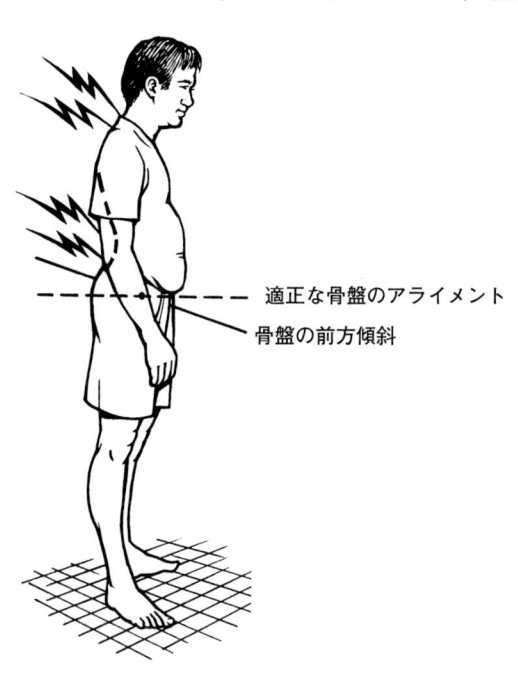

図5-3 悪い姿勢による変性

ハムストリングスが弱い場合，大腿四頭筋（腿の筋肉）が強ければ強いほど，骨盤を前方に引っ張る傾向がある。へそがゆっくりと目だってくると，腰に大きなストレスがかかることを避けることができなくなる。ドミノ効果のように，これは肩を前に引っ張り，首に大きなストレスをかけることになる。歩行を変え，結果として膝や脚などをけがする「アヒル歩き」になる。「手に負えない」若年層の間，ちょっとした甘やかしすぎと怠けた結果である。

● **骨盤後方傾斜**

別の一般的な姿勢のアライメントは，骨盤後方傾斜である。骨盤前方傾斜の例のように，絶対な平衡力効果を，もし無視した場合，強度が上がる。頭を前方に突き出され，肩はうなだれる。上背部と首にストレスがかかる。効果として，背中の筋肉は，骨格システムを誘導しなければならない。これは，背中にとって大きな力になる（図5-4）。

親が好むきをつけの姿勢は，もっともよくない。前方または後方骨盤傾斜，肩のうなだれ，そして頭を前方に突き出すことは，全体の健康と競技潜在力にとってより不利益なことである。

● **インバランスの問題**

弱いコアは，確実に非効率的であり，異なる動作パターンをする。これらは，順番に前方と後方骨盤傾斜に似た筋の不均衡格差と骨格の機能不全を発生させる。たとえば，野球の投手やテニス選手が典型的で，片側がもう一方に比べて発達している。長い間，スキルを磨き上げてきた右利きのテニス選手は，すべての必要な動作を片側のみで行う。右手，前腕，上腕，肩，脚，足首，足が，ほとんどの加速，減速，筋力

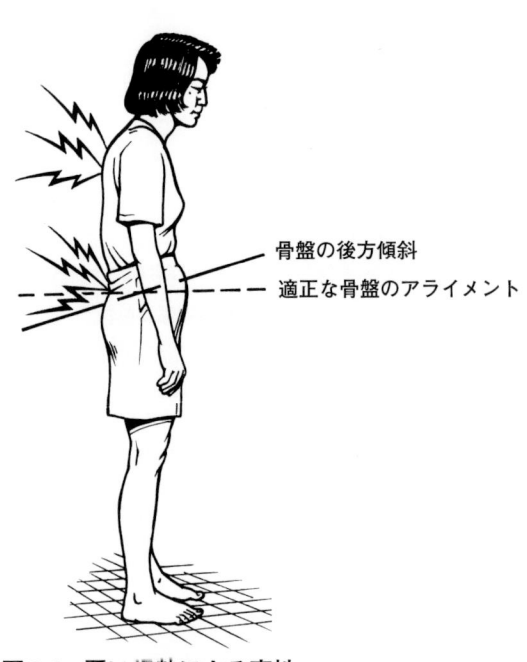

骨盤の後方傾斜
適正な骨盤のアライメント

図5-4　悪い姿勢による変性

と柔軟性の運動を行っている。この筋の不均衡は，確実に姿勢の問題を起こす。

　一般の人でも，毎日，同じ動作を行うと，強い側に偏る。赤ちゃんを片側だけで何時間も抱き続けたり，同じ側の足を前に出して葉をかき集める，または利き手の親指でチャンネルを回し続けるなどの動作を続けると，重大なアライメント不全を引き起こす。治療されないままの古いけが，古い靴，または心地良い古いソファーなど，徐々に自分自身に降りかかってくる。医師，トレーナー，理学療法士，カイロプラクターは，「片方の足が，もう一方より長いように思う」，または「片側の肩が落ちている」など。体が，何か骨格的に異変を伝えようとしていると話す。

　痛みを無視してはいけない。「痛みを押してプレイし続ける」という時代遅れの考えを捨てるときである。はじめの警告として微妙で，即座に機能不全の原因を決めるべきである。そして，それを取り除く方法を探す。消炎鎮痛剤の服用，テーピング，サポーター，そして医師がよく処方する，完全休養などの便利な「すぐに治る」方法は避ける。それに対して，コアを鍛える方法を採用しよう。けがを避けることができているならば，本書で紹介している方法に沿って行う。そうすれば，健康を維持できる可能性が増す。たしかによく発達したコアは，骨格の問題を解決する方への最初のステップで，パワーを増強して効果的な動作へと変換される。

● 自動性

　ひとつの動作と他の動作，あるいは単独と同時を識別する能力は，自動性として知られ，選手にとってきわめて重要である。自動車の運転は，自動性の特性を要求されるような日常動作である。急性の自覚としては，吹雪の真っ只中，ラッシュアワー中の高速道路上で，あなたが熱いコーヒーを膝の上にこぼして，子どもが後部座席でけんかしているような状況を想像してほしい。急性の自覚に対してもっとも経験豊富なベビーブーマ世代の気質をテストできる。

　違った能力を向上させる方法として，4.5mのジャンプショットのような基本的な運動でもアプローチできる。単純に，シュート前に小さな障害物を越えるようなジャンプをすることによって，より難しい運動を作る。この要求された運動をこなした5分後に，通常の4.5mジャンプシュートに戻って，正確性が向上しているかをみる。簡単に行うことができる運動に，さらに課題を追加して練習するというように，新たなシステムに挑戦し，それが意識しなくてもできようなるというのが自動性である。体は，1つの動きと他の動きを識別することによって，正確で効率的に動作ができるようになる。最小の刺激でも区別できる潜在能力を持っているので，この種のトレーニングを行うことによって高めることができる。本書で紹介している多くのドリルは，自動性の要素を含んでいる。

　多くのスポーツと同様に，バスケットボールでは，休みなく続く動きの中で立っていなければならないので，ダイナミックである。すべて

のスポーツで，体を支えることは重要であるが，それが安定という点ではもっとも重要な要因ではない。相撲力士と違って，バスケットボール選手は，両足を床にしっかりとつけて1か所に立つということはほとんどない。したがって，相撲力士が，地面にしっかりと足をつけた安定した状態から，ほとんどの姿勢を制御するのに対して，バスケットボールでは，主としてコアから安定の基礎を得る。パット・ライリー氏（マイアミ・ヒートとニューヨーク・ニックスの元監督）は，自動性のためのトレーニングを通して安定を増加させる考え方を強く支持しているので，その練習をたくさん取り入れている。このように，ニックスは継続的な動作を通して，トレーニングをより複雑に，胴周りの安定強度をあげる多くの要素を含んだバランスボードとハードフォームローラーのような用具を取り入れている（図5-6）。

安全面からいうと，これらの多くのエクササイズの姿勢は，けがの発生リスクが通常よりも高いことに注意しなければならない。競技選手かそうでないかにかかわらず，経験豊富で，このトレーニングに理解のある専門的なトレーナー，またはコーチに相談することを勧める。

エクササイズ

胴周りのスタビリゼーションエクササイズによって，感覚が呼び起こされるだろう。体の中に起こった微妙な変化を区別しはじめ，それらの変化を自動的に調整していくだろう。たしかに，目的は，腹筋が大きな力とパワーを発揮する構造に発達するか，筋肉質でしっかりした腹筋を作るものではない。より効率よく適度な力を使わずに，過大な力を与えるようなミスをしてはいけない。過大な力は，運動の目的から外れることになる。

たとえば，もしダーツを投げるためにフルワインドアップをしたら，正確性は，加えた力によって確実に犠牲になるであろう。加えた力と動作の感受性向上の理解は，段階的に安定性，

図5-5

動作正確性，そしてパワー移行の効率性を増加させるであろう。

この本の後半に示したエクササイズ・アウトラインのほとんどは，バランスの発達を促すとともに，姿勢の矯正に役立つ。この章で紹介するエクササイズは，基本的な胴周りと腰周りの安定を高めるトレーニングを紹介する。これらは，幅広い動作の中で，よい姿勢の要素を補強する安全で効果的な方法である。

いくつかのエクササイズの中で，大きなセラボールのような器具による運動を行うことを要求することによって，単純な運動をする。座位のような上体を動かさなくてもよい動作も，ダイナミックなものになる。このことによって，バランスを保持するために働く姿勢を維持する筋肉が刺激される。結局は，感覚メカニズムが，姿勢安定維持を学ぶように，これらの調整を自動的に行うであろう。姿勢の意識，脊髄アライメント，コーディネーション，筋肉バランス，筋肉トーン，そして感覚メカニズムは，単純に大きなボールの上に座ることによって，向上することができる。

これ以上の情報は，サンフランシスコ脊髄大学セトン医学センター（米国カリフォルニア州サンフランシスコ市）に「ダイナミック脊髄スタビリゼーション・プログラム」について問い合わせること。セラボール（ボディボール，ジムニック，フィジオボール，またはフィジオ／ジムニックとも呼ばれる）は，SporTime（米国ジョージア州アトランタ市），またはThe Saunders Group Inc.（米国ミネソタ州チャスカ市）に問い合わせること。

図5-6

Exercise Guidelines and Preparation
エクササイズ・ガイドラインと準備

安全なプログラム遂行のために，次のガイドラインに沿って行う。

■新しいプログラムを始める前に医師の運動開始許可を得る。

■用具が清潔，破損なし，そして製造者安全基準に遵守していることを確認する。

■可能なかぎりパートナーと行う。

■セットや回数を増やしたり，より難しいエクササイズをする場合は，技術を正しく行うように強調する。

■各エクササイズの目的を理解する。

■各エクササイズはゆっくりと行う。

始める前に，コア筋肉のうちいくつかの単独のものや拮抗筋で試してみる。そして，ニュートラルな位置を見つける。手をお尻につけてまっすぐ立ち，同時に腹筋と背筋を収縮させる。関連している筋肉を「感じる」ようにする。自分自身を鏡で見た場合，耳，肩，お尻，膝，足首を結ぶほぼまっすぐな線に気づくことだろう。この直線は，自然で，強制（旗に敬礼する必要のない）的ではない。腹筋をリラックスさせて，背筋から腹筋へ骨盤を前方へ傾斜させるために収縮させる。この動作をどのくらいコントロールできるかを見る。もう一度，腹筋と背筋（ニュートラルな姿勢）を同時に収縮させる。これに費やされる時間は，腰の筋肉をリラックスさせる，下部の付着部で腹筋を引くことをする，そしてゆっくりと骨盤を戻すために傾斜させる。筋肉が関与している機能を理解することは，トータルな胴周りスタビリゼーションの見地から重要である。実際に，これからのエクササイズにこの新しく見つけ出された制御を行う努力をしなければならないであろう。上達したならば，ニュートラルな位置を保つために意識的に努力しなくてもよくなるであろう。

スロー は，運動を行うスピードを示している。
速さの程度については，p.53を参照。

トランク・スタビリテーション

1 ロー・バック・アイソレート（ブリッジ）

スロー

準備動作
- 仰向けに寝て、背中は床に完全につける。
- 膝は90度に曲げる。
- 両足裏は床につけて、肩幅に開く。
- 両手は床につけて、臀部の隣に置く（バランスが向上したら、両手を床から離す）。

方法
- 下腰部と臀部の筋肉を収縮させて、床から臀部を持ち上げる。
- 肩と上背部を床につけたままにする。
- 首に体重がかからないようにする。
- 5～10秒間保つ。
- もとの位置に戻す。
- すぐに繰り返す。

注意： 行いやすくするために、頭と首の下に枕を置く。

2　ロー・バック・アイソレート（ブリッジ）：脚伸展姿勢

スロー

準備動作
- 仰向けに寝て，背中は床に完全につける。
- 膝は90度に曲げる。
- 両足裏は床につけて，肩幅に開く。
- 両手は床につけて，臀部の隣に置く（バランスが向上したら，両手を床から離す）。

方法
- 下腰部と臀部の筋肉を収縮させて，床から臀部を持ち上げる。
- 肩と上背部を床につけたままにする。
- 首に体重がかからないようにする。
- 床から約45度の角度で左脚を伸ばす。
- 5～10秒間保つ。
- もとの位置に戻す。
- すぐに繰り返す。
- 同じ側で1セット続けるか，反対側を行う。

注意：行いやすくするために，頭と首の下に枕を置く。

3 フット・スクィーズ

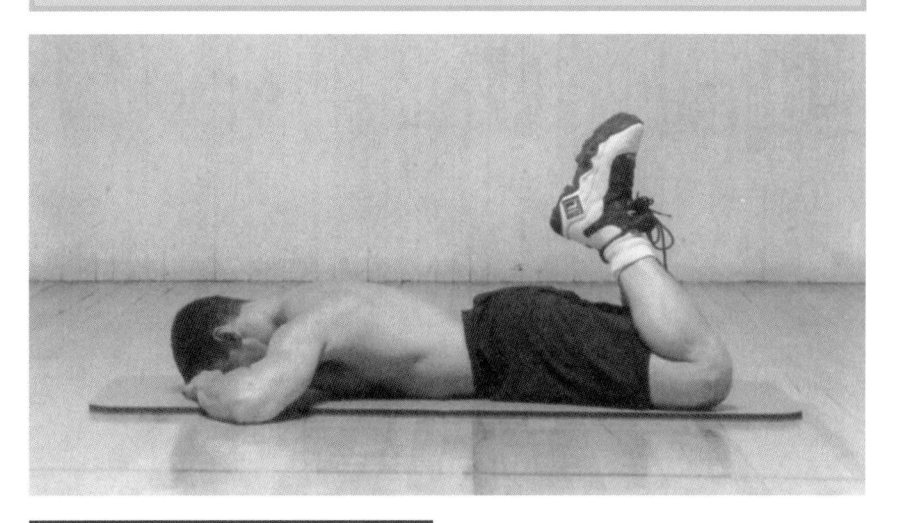

スロー

準備動作
- うつ伏せになる。
- 両膝を肩幅に保ち，90度に曲げる。
- 両踵を互いにつける。
- 前頭や顎を手の上に置くようにする。

方法
- 腹筋と下腰部の筋を同時に収縮させる。
- 殿筋と外転筋（内腿筋）を使って，両踵を互いにつけるように絞る。
- 5〜10秒間保つ。
- もとの位置に戻す。
- すぐに繰り返す。

注意：行いやすくするために，頭と首の下に枕を置く。

4 ヒップ・インターナル・アンド・エクスターナル・ローテーション

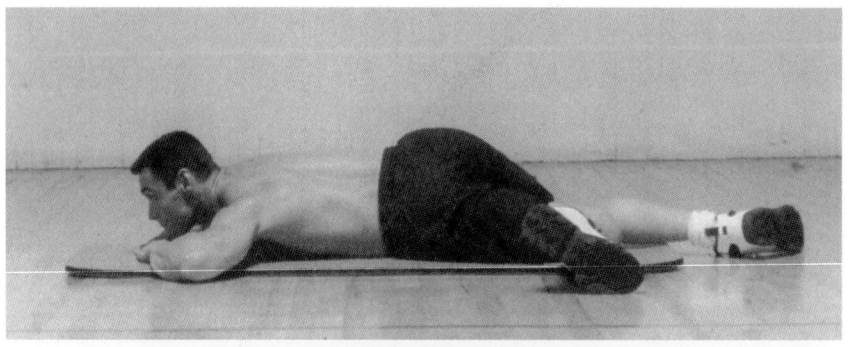

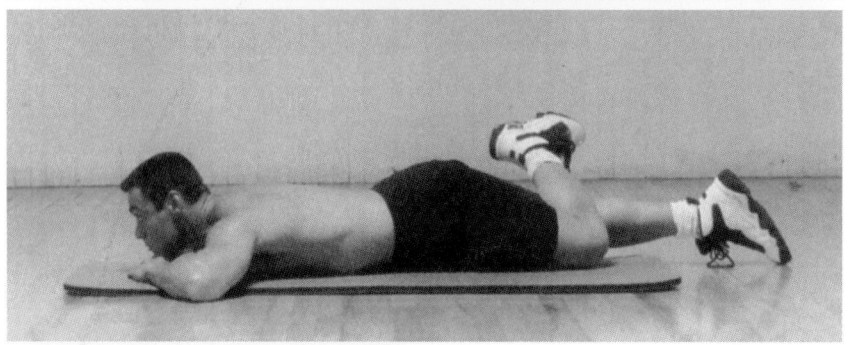

スロー

準備動作
- うつ伏せになる。
- 膝を肩幅に保つ。
- 右脚を伸ばす。
- 左膝を曲げて90度にする。
- 前頭や顎を手の上に置くようにする。

方法
- 腹筋と下腰部の筋を同時に収縮させる。
- 反対（右側）側の臀部が床から離れないようにしながら，左側に左脚をできるだけ遠くに落とす。
- 開始位置に左脚を戻して，ただちに右側に落とす。再び，反対（右側）側臀部が床から離れないようにする。
- すぐに繰り返す。

注意： 脚が，横から横へと簡単に振れないようにする。骨盤周囲筋肉の動きをコントロールする。サポートのために臀部の下に枕を置く。

5　スーパーマン

スロー

準備動作
- うつ伏せになる。
- 頭上で両腕を伸ばす。

方法
- 上体と両脚を同時に床から持ち上げる。
- 3〜5秒間静止した姿勢を保つ。
- もとの状態に戻す。
- すぐに繰り返す。

注意：バリエーションは，6章で説明する。

6　ヒップ・エクステンション

スロー

準備動作
- 床に両手と右膝をつける。
- 左脚を伸ばして，左つま先で床に触る。
- 頭を少し持ち上げる。

方法
- 殿筋とハムストリングを収縮させて，可能なかぎり高く脚を持ち上げる。
- 1カウント数え，姿勢を保持する。
- もとの状態に戻す。
- 同じ側で1セット行う。
- 反対側で行う。

注意：立位でも行うことができる。壁に手をついて，上記のような動作方向に行う。加えて，このエクササイズのバリエーションは，6章で説明する。

7　4点フォワード・リーン

スロー

準備動作
- 床から両腕と下腿を90度に曲げて，両手と両膝を床につく（筋力とバランスが向上してきたら，開始位置よりも両手を肩の方へ動かし，頭のてっぺんをより前に出す）。
- 背中はまっすぐ伸ばす。
- 頭を持ち上げる。

方法
- 腹筋と下腰部の筋肉を同時に収縮させる。
- 上半身の体重のほとんどを両手にのせるように，前方に傾ける。
- 数秒間保持する。
- もとの状態に戻す。
- すぐに繰り返す。

8 バランスボール・ニュートラル・ポジション

準備動作／方法

- メーカの基準にしたがってボールを膨らます。
- 適切なボールの大きさを選ぶ。：座ったとき，太腿は床から平行か，少し高め。
- 両足裏は，床にしっかりとつける。
- 腹筋と下腰部の筋を同時に収縮させることによって，ニュートラル・ポジションを確保する。
- 背中をまっすぐに伸ばす。
- 用意の姿勢で両手を挙げて保つ。

9 バランスボール・シッティング・ポジション：前傾と後傾

準備動作

- メーカの基準にしたがってボールを膨らます。
- 適切なボールの大きさを選ぶ。：座ったとき，太腿は床から平行か，少し高め。
- 両足裏は，床にしっかりとつける。
- 腹筋と下腰部の筋を同時に収縮させることによって，ニュートラル・ポジションを確保する（p.72写真参照）。
- 背中をまっすぐに伸ばす。
- 用意の姿勢で両手を挙げて保つ。

方法

- ゆっくりとコントロールした状態で，腹筋をリラックスして，骨盤の前傾をつくる（殿部は，ボール上を少し回転する）。
- ニュートラル・ポジションに戻る。
- 下腰部の筋を少しリラックスさせることによって骨盤を後傾させる。
- 前傾と後傾を30〜60秒間，続ける。
- 数セット行う。

10 バランスボール・シッティング・ポジション：横傾

スロー

準備動作
- メーカの基準にしたがってボールを膨らます。
- 適切なボールの大きさを選ぶ。：座ったとき，太腿は床から平行か，少し高め。
- 両足裏は，床にしっかりとつける。
- 腹筋と下腰部の筋同時に収縮させることによって，ニュートラル・ポジションを確保する（p.72写真参照）。
- 背中をまっすぐに伸ばす。
- 用意の姿勢で両手を挙げて保つ。

方法
- ゆっくりとコントロールした状態で，腹斜筋を収縮させる。
- ニュートラル・ポジションに戻る。
- ただちに反対側を行う。
- 前傾と後傾を30～60間，秒続ける。
- 数セット行う。

11 バランスボール・シッティング・ポジション：ヒップ・ローテーションを伴う

スロー

準備動作

- メーカの基準にしたがってボールを膨らます。
- 適切なボールの大きさを選ぶ。：座ったとき，太腿は床から平行か，少し高め。
- 両足裏は，床にしっかりとつける。
- 腹筋と下腰部の筋を同時に収縮させることによって，ニュートラル・ポジションを確保する（p.72写真参照）。
- 背中をまっすぐに伸ばす。
- 用意の姿勢で両手を挙げて保つ。

方法

- ゆっくりとコントロールした状態で，臀部のみを回転させて頭と上体は固定するようにする。
- 時計回りに10〜20回転する。
- 反対方向を繰り返す。

12　バランスボール・シッティング・ポジション：レッグ・エクステンション

スロー

準備動作

- メーカの基準にしたがってボールを膨らます。
- 適切なボールの大きさを選ぶ。：座ったとき，太腿は床から平行か，少し高め。
- 両足裏は，床にしっかりとつける。
- 腹筋と下腰部の筋を同時に収縮させることによって，ニュートラル・ポジションを確保する（p.72写真参照）。
- 背中をまっすぐに伸ばす。
- 用意の姿勢で両手を挙げて保つ。

方法

- ゆっくりと床と水平位置に左脚を伸ばす。
- 5～10秒間，保持する。
- ニュートラル・ポジションに戻る。
- 同じ側で1セット続けるか，反対側を行う。

13 バランスボール・シッティング・ポジション：45度レッグ・エクステンション

スロー

準備動作

- メーカの基準にしたがってボールを膨らます。
- 適切なボールの大きさを選ぶ。：座ったとき，太腿は床から平行か，少し高め。
- 両足裏は，床にしっかりとつける。
- 腹筋と下腰部の筋を同時に収縮させることによって，ニュートラル・ポジションを確保する（p.72写真参照）。
- 背中をまっすぐに伸ばす。
- 用意の姿勢で両手を挙げて保つ。

方法

- ゆっくりと左脚を45度の角度で伸ばし，床と水平位置にする。
- 5～10秒間，保持する。
- ニュートラル・ポジションに戻る。
- 同じ側で1セット続けるか，反対側を行う。

14 バランスボール・スパイン・ローラー

スロー

準備動作

- メーカの基準にしたがってボールを膨らます。
- 適切なボールの大きさを選ぶ。
- ボールの上に肩峰をのせる。
- 上半身と太腿をエクササイズ中はまっすぐに伸ばすように保つ。
- 膝を90度に曲げる。
- 両足裏は，床にしっかりとつける。
- 腹筋と下腰部の筋を同時に収縮させることによって，ニュートラル・ポジションを確保する。
- 頭の後ろに両手を置く（もしバランスが問題ならば，体側よりも両腕を開く）。

方法

- ゆっくりと両脚を押しながら伸ばす。
- ボールは，背骨を通って下腰部まで転がす。
- 5～10秒間，保持する。
- もとの状態に戻るように両脚を引く。
- すぐに繰り返す。

15　バランスボール・スパイン・フル・ボディ・エクステンション

スロー

準備動作
- メーカの基準にしたがってボールを膨らます。
- 適切なボールの大きさを選ぶ。
- 仰向けに寝て，背中は床に完全につける。
- 両膝と臀部を90度に曲げる。
- ボール上に両踵を置く。
- 両手の位置は，臀部の横で床に置く。

方法
- ゆっくりと両脚を伸ばす（ボールは転がる）。
- エクササイズ中は，腹筋と下腰部の筋を収縮させたままにする。
- 過度の圧力を頭と首にかけないようにする。
- 5〜10秒間，保持する。
- もとの状態にゆっくりと戻す。
- すぐに繰り返す。

注意： 行いやすくするために，頭と首の下に枕を置く。

16　バランスボール・プローン・ワブル

スロー

準備動作
- 小さいボールの上にうつ伏せになってのる。
- 両手と両足は，床に置く。

方法
- 異なった「スーパーマン」姿勢（たとえば片手を床から離す，両手を床から離す，片脚，両脚，片腕と片脚を伸ばす，両腕と両脚を伸ばすなど）を行う。

注意：腹部に圧力がかかり，違和感のある場合は中止する。

腹筋フィットネス・エクササイズ 6

　腹筋と背筋のエクササイズは，フィットネス愛好家のために最適であるが，すべての競技選手に対しても有効である。このフィットネスレベルからより高度な腹筋のストレングスエクササイズへの移行は，ここで紹介するエクササイズの習得後に行う。9章で紹介している24週間フィットネスプログラムを成し遂げ，それが標準のレベルのものとなったら，次のレベルに移る段階になったといえるだろう。

　前述したように，技術は，回数や抵抗を増やすことよりも重要である。腹筋エクササイズをフィットネスレベルにとどめておきたいならば，そうするとよい。より高いレベルに上げることは必ずしもよいことではない。多くのハイレベルの選手でも，腹筋フィットネスプログラムによって身体にプラスの変化がみられるまで継続している。4章で説明したように，ストレングスレベル，機能的能力，そして胴周りと腰周りの見た目について満足できる状態に到達しているかもしれない。そうなった場合，メンテナンスプログラムを交換することができる。強度は高いままで，ワークアウトの頻度と時間を相当に落とすことができる。詳細については，9章で述べる。

　長い間，運動をしていなかったならば，プログラムを始めてから1～2日後は，若干の筋肉痛が起こるであろう。この若干の違和感は，体がプラスのエクササイズ刺激に反応しているサインである。もし痛みが慢性化，もしくは2週目にも継続しているならば，エクササイズの技術を見直し，医療関係者に相談した方がよい。痛みは，日によって，また人によってさまざまである。新しいエクササイズ，方法，強度，回数を新しく始めた場合，あなたの体は違う反応

をするであろう。

　エクササイズ方法を取り入れた理由にかかわらず，やり続けることである。とくに，最初の導入部分では重要である。急いではいけない。「ある朝，散歩している最中に体力低下していることを発見する」ことは，よくある経験である。ほとんどの場合，年齢とともに，フィットネスは低下していく。若い時代に簡単に戻れるような絵空事を待っていてはいけない。9章で紹介しているようなガイドラインに沿った規律正しいプログラムを継続することによって，自分自身で向上したことがはっきりとわかるようになることを約束しよう。

　しかし，コアエリアのみエクササイズ種目を限定したワークアウトをした場合，他の体調とフィットネスの要素に適切な向上はみられない。ここで紹介している腹筋と腰のエクササイズは，フィットネスのさまざまな要素の完全なプログラムの一部分である。その要素とは，

- 全身筋力
- 全身筋持久力
- 心肺機能効率
- 体脂肪などの体組成
- 柔軟性

　現実的で，達成できる目標を設定する。ゆっくりとした進歩は，まだ進歩していると理解する。毎日の変化は，発見しにくい。増加したこれらの変化は，加え続けられる。長い間で，結果を発見する。約束できますか。ライフスタイルを変えなくてはいけないし，初心者のために，日記をつけることを勧める。これは，「過程を示すこと」と「やる気」を維持するという重要な役割がある。他に「やる気」を維持する方法としては，パートナーと一緒にエクササイズをすることである。パートナーは指摘してくれたり，正しい技術をフィードバックしてくれたり，元気づけてくれるなどのメリットがある。

　さあ，はじめよう！

腹筋フィットネス（腹斜筋）スロー は，トレーニングの目的（対象とする筋肉）と行うスピードを示している。速さについては，p.53を参照。

腹筋と下腰部フィットネス・エクササイズ

17　ストレート・レッグ・サイド・クランチ

腹筋フィットネス（腹斜筋）スロー

準備動作
- 左体側を下にして横たわる。
- 脚はまっすぐに伸ばす。
- 右手は，後頭部に置く。
- 左手は，動かす腹斜筋の上に置く。

方法
- 右側の内腹斜筋と外腹斜筋をゆっくりと収縮させながら，肩を5〜15cmくらい床から挙げる。
- 1カウント保持する。
- もとの姿勢に戻す。
- すぐに繰り返す（回数の間に腹斜筋をリラックスさせないように）。
- 同じ側をもう1セット行う。
- 反対側で行う。

> **注意：**難しい場合には，ソファー，椅子，または補助者などに足を引っかける。肩と臀部を床の方へ落としてはいけない。この位置で，強い腹直筋（上部）は，ほとんど働く。すべてのドリルで，運動と運動の間で腹斜筋をリラックスさせないようにする。

18 ストレート・レッグ・サイド・クランチ：脚上げ

腹筋フィットネス（腹斜筋）スロー

準備動作

- 左体側を下にして横たわる。
- 脚はまっすぐに伸ばす。
- 右手は，後頭部に置く。
- 左手は，動かす腹斜筋の上に置く。

方法

- 右脚を挙げながら，ゆっくりと右側の内腹斜筋と外腹斜筋を収縮させる。
- 肩を5〜15cmくらい床から挙げ，右足も30〜60cm床から挙げる。
- 1カウント保持する。
- もとの姿勢に戻す。
- すぐに繰り返す。
- 同じ側をもう1セット行う。
- 反対側で行う。

注意：より負荷をかけたい場合，両脚を床から挙げて，同じ姿勢を保つようにする。肩と臀部を床の方へ落としてはいけない。

19 ベント・ニー・サイド・レイズ

腹筋フィットネス（腹斜筋）スロー

準備動作
- 左体側を下にして横たわる。
- 膝を90度に曲げる。
- 天井を見る。
- 肩を丸めないようにし，両肘は床に対して水平になるようにする。
- 両手は頭の後ろに置く。

方法
- 腹斜筋を収縮させて，肩をゆっくりと床から5〜15cm持ち上げる（曲げてはいけない）。
- 1カウント保持する。
- もとの姿勢に戻す。
- すぐに繰り返す。
- 同じ側で1セット行う。
- 反対側で行う。

注意： 負荷や腕の位置を変えて行う。
  ○ 両腕をまっすぐ伸ばして足の方へ近づける
  ○ 胸の前で両腕を組む

20 スクィルム

腹筋フィットネス(腹斜筋)スロー

準備動作
- 膝を曲げて背中をまっすぐにして,仰向けに横たわる。
- 両足を臀部から約30cmのところに置く(足裏は床にフラット)。
- 両腕は,体側にして床の上に置く。
- あごは,胸の方へ引く。
- 肩峰は床につけるか,少し挙げる(2.5〜5cm)。

方法
- 腹斜筋を収縮させて,左手で左足を軽くたたく。
- 反対側で行う。

> **注意**:もっと負荷をかけたい場合は,各回で3〜5秒間アイソメトリックスをする。アイソメトリック収縮は,筋線維の長さを変化させないもので,ただ単に数秒間同じ姿勢を保持すればよい。

21 スクィルム（上級編）

腹筋フィットネス（腹斜筋）スロー

準備動作
- 膝を曲げて背中をまっすぐにして，仰向けに横たわる。
- 両足を臀部から約30cmのところに置く（足裏は床にフラット）。
- 肩を20～30cm床から離して挙げて，この姿勢を決められた一定時間を保持する。
- 両腕は，体側にして床の上に置く。
- あごは，胸の方へ引く。

方法
- 肩を挙げた姿勢で，左手は脚の下を通して右足をつかむ。
- 反対側で行う。

22 クロス・レッグ・オブリーク・クランチ

腹筋フィットネス（腹斜筋）スロー

準備動作

- 仰向けに横たわる。
- 右膝を立てて90度になるようにする（足裏は床にフラット）。
- 左脚を右脚上に交差させる。
- 肩は床につけたまま，両手は頭の後ろに置く。
- この運動中，左肘を床につけたままにする。

方法

- 左肘をてこにして，右肘を挙げて左膝につけることによって，腹斜筋をクランチする。
- １カウント保持する。
- もとの姿勢に戻す。
- 同じ側で１セット行う。
- 反対側で行う。

注意：負荷を上げる場合は，左膝を右膝の上に置く。負荷を下げる場合は，左足首を右膝の上に置く。

23 クロス・レッグ・オブリーク・クランチ（上級編）

腹筋フィットネス（腹斜筋）スロー

準備動作
- 仰向けに横たわって，背中をまっすぐにする。
- 右膝を90度に曲げて，右足を床に置く。
- 左脚を右脚上に交差させる。
- 両手は，頭の後ろに置く。

方法
- 両肩を床から離し，ひねることによって，右肘を左膝につける。
- １カウント保持する。
- もとの姿勢に戻す。
- 同じ側で１セット行う。
- 反対側で行う。

注意：負荷を上げる場合は，左膝を右膝の上に置く。負荷を下げる場合は，左足首を右膝の上に置く。動作を補助するために，頭や首を引いてはいけない。運動と運動の間，腹筋をリラックスさせないようにする。

24　バタフライ・カール・アップ：交互ひねり

腹筋フィットネス（腹斜筋）スロー

準備動作
- 仰向けに横たわる。
- 両足裏をつけて，可能なかぎり臀部方向へ近づける。臀部へ足を近づけるほどエクササイズの難度は高くなる。
- 両膝を横へ開いて「バタフライ」姿勢にする。
- 頭を後部へ傾けて，天井をしっかりと見る。
- 両手は，頭の後ろに置く。

方法
- 両肩を床から離して，上体と肘を反対の肘の方へひねる。
- もとの姿勢に戻す。
- 反対側で行う。（右側，左側。1回で同じ回数を行う。）

注意： 腕の位置を変えることによって，難度を変えることができる。両腕を伸ばしてからはじめ，両足間にもっていく。筋力レベルが向上すると，胸前で両腕を交差する。そして，上級は頭の後ろで行う。筋力が継続して向上したら，上半身を挙げて肘を膝につける。両足の位置を変える（伸ばす，または臀部に近づける）ことによって，動作がより簡単，または難しくなる。両足を引っかけることによって，初心者には楽になる。

25 バタフライ・カール・アップ：同一方向へのひねり

> 腹筋フィットネス（腹斜筋）スロー

準備動作
- 仰向けに横たわる。
- 両足裏をつけて，可能なかぎり臀部方向へ近づける。臀部へ足を近づけるほどエクササイズの難度は高くなる。
- 両膝を横へ開いて，「バタフライ」姿勢にする。
- 頭を後部へ傾けて，天井をしっかりと見る。
- 両手は，頭の後ろに置く。

方法
- 両肩を床から離して，上体と肘を反対の肘の方へひねる。
- もとの姿勢に戻す。
- 同じ側で1セット行う。
- 反対側で行う。（右側，左側。1回で同じ回数を行う。）

26 ニー・アップ

腹筋フィットネス（腹斜筋）スロー〜ミドル

準備動作

- 仰向けに横たわる。
- 右膝を立てて90度になるようにする（足裏は床にフラット）。
- 左脚を床から約15cm離して，まっすぐ伸ばしたままにする。
- あごは胸の方へ引く。
- 両手は，頭の後ろに置く。

方法

- 上半身を持ち上げて，左膝を曲げる中間姿勢をとる。両肩は30〜60cm床から離して挙げる。
- ひねって右肘を左膝につける。
- もとの姿勢に戻す。
- 同じ側で1セット行う。
- 反対側で行う。

27　オブリーク・レッグ・ロール

腹筋フィットネス（腹斜筋）スロー

準備動作
- 仰向けに横たわる。
- 両膝を胸のほうに曲げる。
- 両手は，頭の後ろにつけるか，両腕を頭上に伸ばして，安定した椅子，またはベッド枠のような重い物をつかむ。
- 両肩は，床につける。

方法
- 両膝を膝の方へつけたまま，左側にゆっくりと下げる。
- 床についたら，もとの姿勢に戻す。
- 同じ側を続けるか，反対側を行う。

注意：両腕で引かないようにする。運動中，両肩は床から離さないようにする。

28 ツイスト：棒を使用

腹筋フィットネス（腹斜筋）スロー

準備動作
- 床に座る。
- 両足を開く。
- 肩の上で棒を持つ。

方法
- 腹斜筋を収縮させて，上半身を左へひねる。
- もとの姿勢に戻す。
- 同じ側を続けるか，反対側を行う。

29 オブリーク・クランチ：棒を使用

腹筋フィットネス（腹斜筋）スロー

準備動作
- 床に座る。
- 両足を開く。
- 肩の上で棒を持つ。

方法
- 左腹斜筋を収縮させて，左側へ曲げる。
- 1カウント保持する。
- もとの姿勢に戻す。
- 同じ側を続けるか，反対側を行う。

注意： 初心者に非常によい腹斜筋エクササイズである。

30　ロール・バック：慣性を利用

腹筋フィットネス（下腹筋）スロー〜ミドル

準備動作
- 仰向けに横たわる。
- 両膝を90度に曲げる。
- 両足は床につける（足裏は床にフラット）。
- あごを胸につける。
- 両肩（肩峰ではない）を床から少し離す。
- 両手は、頭の後ろに置く。

方法
- 下腹筋に集中して、両脚を胸の方へ倒して固定しながら、骨盤を浮かせて天井の方へ浮かす。
- 収縮をコントロールして、骨盤と両脚をもとの姿勢にゆっくりと戻すように下げる。背中は、床につけたままにする。
- 両足を床に静かにつけて、この動作を繰り返す。
- エクササイズ中は、両肩峰は、床から離れないようにする。

注意：筋力が向上しても、反動を利用して行ってはいけない。もし初心者の場合、持ち上げを補助するために両手を骨盤の下に置く。

31 ロール・バック・アイソレート

腹筋フィットネス（下腹筋）スロー〜ミドル

準備動作
- 仰向けに横たわる。
- 両足を床から離し，臀部の近くにくるように両踵を近づける。
- あごを胸につける。
- 両肩（肩峰ではない）を床から少し離す。
- 両手は，頭の後ろに置く。

方法
- 下腹筋に収縮させながら，両脚を両肩の方へ引き，骨盤を浮かせて天井の方へ浮かす。
- 収縮をコントロールして，骨盤をもとの姿勢にゆっくりと戻すように下げる。
- エクササイズ中は，両肩峰は床から離れないようにする。

32　シーティッド・ベント・ニー・タック

腹筋フィットネス（下腹筋）スロー

準備動作
- 少し後方に傾くように座る。
- 両手を臀部の後に置き，上半身を安定させる。
- 両膝を90度に曲げる。
- 両かかとを床に置く。

方法
- 下腹筋に収縮させながら，両脚を胸の方へ挙げる（挙げようとして後に傾きすぎではいけない）。
- 下腹筋をクランチすることに集中する。運動を助けるために，腰筋（股関節屈筋群）を使ったり，はずみを使わないようにする。
- 背中は反らさない。
- もとの姿勢にゆっくりと戻す。
- すぐに繰り返す。

注意：筋力が高まって，下腹筋への負荷を上げる場合には，膝を伸ばすようにする。たとえば，膝を100度，110度などのように伸ばしていき，最終的には膝をまっすぐ伸ばして行うようにする。

33　シーティッド・ストレート・レッグ・タック

腹筋フィットネス（下腹筋）スロー

準備動作

- シーティッド・ベントーニー・タック・エクササイズの傾斜した姿勢のようではなく，このドリルでは，上半身をできるだけ垂直な姿勢にする。
- 両手は床につけるが，臀部の前ではなく，両膝に近い位置に置く。
- 両脚は，伸ばして床に置く。

方法

- 下腹筋に収縮させながら，伸ばした両脚を床からできるだけ高く挙げる。
- 背中は反らさない。
- １カウント保持する。
- もとの姿勢に両脚をゆっくりと戻す。
- 静かに床につける。
- すぐに繰り返す。

34　レッグ・ソラスト

腹筋フィットネス（下腹筋）スロー〜ミドル

準備動作
- 仰向けに横たわる。
- 股関節を90°に曲げる。
- 膝を伸ばし，両脚を床と垂直にする。
- 両手を頭の後ろに置く。

方法
- 下腹筋に集中して，天井の方へ脚を伸ばす。
- 動作を助けるために，肩を使って背中を固定させることはしない。
- 臀部を床にゆっくりと戻して，繰り返す。

> **注意**：補助が必要な場合，頭上に両手を伸ばして，負荷を加えるために椅子，ソファ，ベッド枠などの重い物をつかむようにする。

35　サイクリング

腹筋フィットネス（下腹筋）ミドル～ハイ

準備動作

- 仰向けに横たわる。
- 股と膝関節が90°になるように曲げる。
- 肩峰を床から数cm挙げる。
- 両手を頭の後ろに置く。

方法

- 右膝を左肩の方向に動かしながら，左膝を伸ばす。
- 右膝と左肘をつける。
- すぐに反対側で行う。

注意：筋力が増加した場合，床から背中全体を浮かせるが，45°を超えないようにする。

36 クロス・レッグ・ロー・アブ・クランチ

腹筋フィットネス（下腹筋）スロー〜ミドル

準備動作
- 仰向けに横たわる。
- 右脚の上に左脚を交差する。
- 両脚を挙げる（足を床につけない）。
- 両手を頭の後ろに置く。

方法
- 下腹筋に集中して，左脚を右肩の方へ持っていく。
- 同時に，上半身を持ち上げて，右肘を左膝の方へひねる。
- 収縮をコントロールして，骨盤，両脚，肩をもとの姿勢へゆっくりと戻す。
- 両足を床につけない。
- 同じ側で1セットを行う。
- 反対側で行う。

注意：筋力が向上してきても，はずみを利用して行ってはいけない。もし初心者の場合，持ち上げを補助するために両手を骨盤の下に置く。

37 リスト・アップス

腹筋フィットネス（上腹筋）スロー

準備動作
- 仰向けに横たわる。
- 両膝を90°に曲げる。
- 床に両足をつけておく（足裏を床にフラット）。
- 腿に両手を置く。
- 胸に顎をひきつける。
- 両肩（肩峰ではない）を床から持ち上げる。

方法
- 上半身を床からゆっくりと持ち上げ（2カウント），両手首が両膝にくるまで，両手を腿に沿ってスライドさせる。
- 起き上がったときに，頭を胸から後方へ下げるようにする。
- 1カウント保持する。
- もとの姿勢にゆっくりと戻す（2～4カウント）。
- 肩峰を床につける（バウンドしない）。
- すぐに繰り返す。
- 腹筋は常に力を入れておく。

38 アブ・カール

腹筋フィットネス（上腹筋）スロー

準備動作

・両膝を90°に曲げる。
・床に両足をつけておく（足裏を床にフラット）。
・運動中，頭の位置は後方にする。
・頭の後ろに両手を置く。

方法

・腹筋を収縮させて，肩と上半身を床から約30°の姿勢に持ち上げる。
・1カウント保持する。
・もとの姿勢に戻す。
・すぐに繰り返す。

注意：頭や首を引っ張らない。

39 サポート・クランチ：90°

腹筋フィットネス（上腹筋）スロー

準備動作
- 仰向けに横たわる。
- 股関節と両膝を90°に曲げる。
- 安定性を向上させるために，椅子，ベッド，補助者のようなサポートによって下腿を置く。しかし，足を固定してはいけない。
- 臀部は，サポートにできるかぎり近づける。
- 顎を胸にひきつける。
- 頭を後ろへ傾ける。両目は天井をしっかりと見つめる。
- 頭の後ろに両手を置く。

方法
- 上半身を床から約30°の位置まで持ち上げる（筋力が増すにつれて，肘を膝につける）。
- もとの姿勢にゆっくりと戻す。
- 肩峰を床につける（バウンドさせない）。
- すぐに繰り返す。
- 頭や首を引っ張らない。

注意：臀部をサポートから遠ざけると，難易度が下がる。筋力が増した場合，両足を壁につけて，サポートを外す。しかし，常に股関節と膝は90°曲げておく。

40 クランチ：サポートなし・90°

腹筋フィットネス（上腹筋）スロー～ミドル

準備動作
- 仰向けに横たわる。
- 股関節と両膝を90°に曲げる。
- 頭を後ろへ傾ける。両目は天井をしっかりと見つめる。
- 頭の後ろに両手を置く。

方法
- 上半身を床から約30°の位置まで持ち上げる（筋力が増すにつれて，肘を膝につける）。
- 上半身を膝の方へ近づける。膝を上半身の方へ動かしてはいけない。
- もとの姿勢にゆっくりと戻す。
- 肩峰を床につける（バウンドさせない）。
- すぐに繰り返す。
- 頭や首を引っ張らない。

41　バタフライ・カール・アップ

> 腹筋フィットネス（上腹筋）スロー

準備動作
- 仰向けに横たわる。
- 足裏をあわせて，できるかぎり臀部へ近づける。
- バタフライ姿勢になるように両膝を横へ開く。
- 頭を後ろへ傾ける。両目は天井をしっかりと見つめる。
- 頭の後ろに両手を置く。

方法
- 上腹筋を収縮させて，上半身を床から約30°の位置に持ち上げる。
- もとの姿勢にゆっくりと戻す。
- 肩峰を床につける（バウンドさせない）。
- すぐに繰り返す。

> **注意：** 異なった腕の位置は，難易度が高くなる。両腕を伸ばした姿勢で始め，両脚の間に持っていく。筋力が増すにつれて，両腕を胸の前で交差してたたみ，頭の後方につける。両脚と両手の位置を変化（伸ばす，または臀部に近づける）させることによって負荷をかけることができる。初心者の場合，両足を固定すると楽に行えるようになる。

42 ウォール・リーチ：135°

腹筋フィットネス（上腹筋）スロー～ミドル

準備動作
- 仰向けに横たわる。
- 両脚をまっすぐ伸ばして壁に軽くつける。
- 股関節を135°にする。
- 両腕は，両足の方へ伸ばす。
- 両手は合わせたままにする。
- 両目は両足に集中する。

方法
- 上半身を持ち上げて，両足に近づけることによって，上腹筋を曲げる。
- 両足につける。
- もとの姿勢にゆっくりと戻す。
- すぐに繰り返す。

注意：両腕を伸ばして一般的に行うが，負荷を高めるためには，両手を胸の前，または頭の後ろで交差させて行う。

43　ウォール・リーチ：90°

腹筋フィットネス（上腹筋）ミドル

準備動作
- 両脚を伸ばす。
- 両脚を床から垂直して，股関節を90°にする。
- できるだけ壁に近づけるようにスライドさせて，臀部を壁につける。
- 両腕を両足の方へ伸ばす。
- 両手は一緒にする。
- 両目は両足に集中する。

方法
- 上半身を持ち上げて，両足に近づけることによって，上腹筋を曲げる。
- 両足につける。
- もとの姿勢にゆっくりと戻す。
- すぐに繰り返す。

注意：両腕を伸ばして一般的に行うが，負荷を高めるためには，両手を胸の前，または頭の後ろで交差させて行う。

44 トウ・トゥ・シーリング

腹筋フィットネス（上腹筋）スロー～ミドル

準備動作
- 仰向けに横たわる。
- 両脚をまっすぐに伸ばす。
- 両脚を床から垂直にして，股関節を90°にする。
- 両腕を両足の方へ伸ばす。
- 両手は一緒にする。
- 両目は両足に集中する。

方法
- 上半身を持ち上げて，両足を近づけることによって，上腹筋を曲げる。
- 両足につけて，もとの姿勢にゆっくりと戻す。
- すぐに繰り返す。
- 腹斜筋を使って，反対の足の方へ近づける。

注意：両腕を伸ばして一般的に行うが，負荷を高めるためには，両手を胸の前，または頭の後ろで交差させて行う。

45 ベント・ニー・ジャックナイフ：片脚

腹筋フィットネス（上腹筋）スロー～ミドル

準備動作
- 仰向けに横たわる。
- 両脚を伸ばして，踵は床につける。
- 顎は胸につける。
- 両肩を床から持ち上げる（腰が反ることを防ぐ）。
- 両手は，頭の後ろにおく。

方法
- 両肩を床から30～60cm挙げながら，上半身を持ち上げて，ジャックナイフ，または中間位置まで左膝を曲げる。
- 左肘を左膝につける。
- もとの姿勢に戻す（両肩を床から離し，腰を反らさない）。
- 同じ側で1セット行う。
- 反対側で行う。

注意：腰に痛みを感じた場合，右膝を90°に曲げて，右足を床につけて行う。

46 ベント・ニー・ジャックナイフ：両脚

腹筋フィットネス（上腹筋）スロー～ミドル

準備動作

- 仰向けに横たわる。
- 両脚をまっすぐに伸ばして，踵は床につける。
- 顎は胸につける。
- 両肩を床から持ち上げる（これは腰が反ることを防ぐ）。
- 両手は，頭の後ろにおく。

方法

- 両肩を床から30～60cm挙げながら，上半身を持ち上げて，ジャックナイフ，または中間位置まで左膝を曲げる。
- 両肘を両膝につける。
- もとの姿勢に戻す（床から両肩を離し，腰を反らさない）。
- すぐに繰り返す。

注意：腰に痛みを感じた場合，この運動をすぐに中止する。

47 ストレート・ニー・ジャックナイフ：片脚

腹筋フィットネス（上腹筋）スロー〜ミドル

準備動作
- 仰向けに横たわる。
- 右膝を90°に曲げて，右足裏を床につける。
- 左脚をまっすぐに伸ばして，左踵は床につける。
- 両腕は，頭上で伸ばす。

方法
- 両肩を床から30〜60cm挙げながら，上半身を持ち上げて，ジャックナイフ，または中間位置まで左膝を曲げる。
- 両手は，左足につける。
- もとの姿勢に戻す。
- 同じ側で1セット行う。
- 反対側で繰り返す。

 注意：両腕を「投げ出す」ことは避ける。腹筋を動かして，上半身を持ち上げて正しい姿勢に戻す。

48　ロシアン・ツイスト

腹筋フィットネス（上腹筋）スロー

準備動作
- 仰向けに横たわる。
- 両膝を90°〜120°の範囲で曲げる。
- 両足は床につける（足裏は床にフラット）。
- 胸の前で両腕を交差する。
- 上半身を床から約30°の位置にして行う。

方法
- 上半身を左へひねる。
- 上半身を床から30°の位置から45°の位置まで持ち上げる。
- この姿勢で1カウント保持する。
- 右へひねる。
- 上半身を床から45°の位置から30°の位置まで下げる。
- この姿勢で1カウント保持する。
- 左へひねる。
- 1セットの回数を終了するまで，このローテーションを繰り返す。
- 反対側で行う。

49 ネガティブス

腹筋フィットネス（上腹筋）スロー

準備動作
- 両膝を90°に曲げる。
- 両足は床につける（足裏は床にフラット）。
- 胸の前で両腕を交差する。
- 上半身を床から約45°の位置にして行う。

方法
- 上半身を床へゆっくりと下げる（5カウント数えながら）。
- 肩峰をつける（バウンドさせない）。
- もとの姿勢にすばやく戻す。
- すぐに繰り返す。

注意：初心者は，適切な筋力レベルになるまで，足を引っかけるとよい。疲れが溜まった場合，下腰部が反ることを避ける。

50 ロー・バック・アイソレート

腹筋フィットネス（背中）スロー

準備動作
- 床に背骨全体がつくように仰向けに横たわる。
- 両膝を90°に曲げる。
- 両足は肩幅に開いて，床につける。
- 両腕は腰骨に置く。

方法
- 下腰筋と大殿筋を収縮させて，床から臀部を持ち上げる。
- 両肩と上背部を床につける。
- 体重が首にかからないようにする。
- 5～10カウント保つ。
- もとの姿勢に戻す。
- すぐに繰り返す。

注意：行いやすくするために，頭部と首部の下に枕を置く。

51 ロー・バック・アイソレート：収縮－リラックス

腹筋フィットネス（背中）スロー

準備動作
- 仰向けに横たわる。
- 両膝を90°に曲げる。
- 両足は肩幅に開いて，床につける。
- 両腕は腰骨に置く。

方法
- 下腰筋と大殿筋を収縮させて，床から臀部を持ち上げる（p.116写真参照）。
- 両肩と上背部を床につける。
- 体重が首にかからないようにする。
- 上半身を持ち上げた姿勢から，臀部を収縮させて，さらに15〜20cmを挙げる。
- 1カウント保つ。
- 上半身を持ち上げた姿勢に戻す。
- すぐに繰り返す。

注意： 行いやすくするために，頭部と首部の下に枕を置く。

52 プローン・レッグ・リフト

腹筋フィットネス（背中）スロー

準備動作
・うつ伏せに横たわる。
・両肘で上半身を軽く支える。

方法
・左大殿筋とハムストリングスを収縮させて，両脚をまっすぐに伸ばしながら，無理のない範囲でできるだけ高く上げる。
・1カウント保つ。
・もとの姿勢に戻す。
・同じ側を1セット行うか，反対側を行う。

53 バック・クランチ

腹筋フィットネス(背中)スロー

準備動作
- うつ伏せに横たわる。
- 頭の後ろに両手を置く。

方法
- 下背部と大殿筋を収縮させる。
- 胸が床から7〜10cmに達するまで,上半身を持ち上げる。
- 1カウント保つ。
- もとの姿勢にゆっくりと戻す。
- すぐに繰り返す。

   注意: 初心者では難しいので,適切な筋力レベルになるまで,彼らの足を引っかけるか,パートナーに軽く足首を押さえてもらう。もし,これでもできなければ,「両腕を頭の後に置く」前に,両腕を体側に置いて行う。

54　バック・クランチ・ツイスト

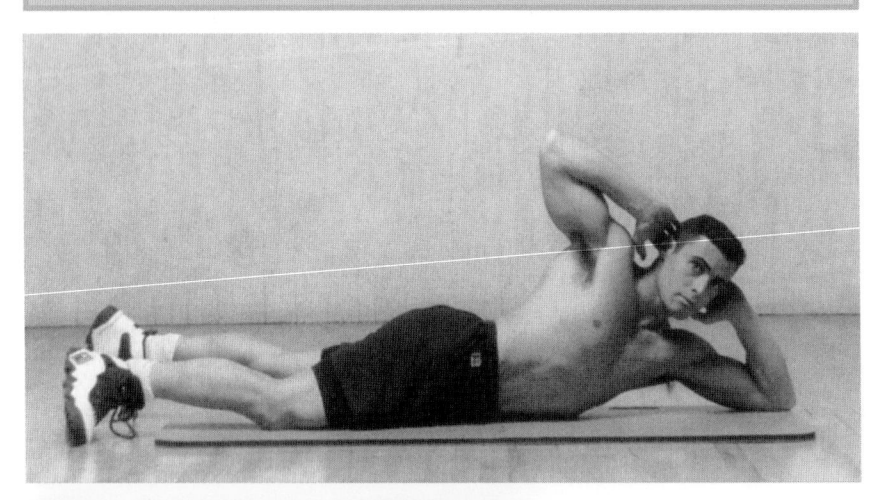

腹筋フィットネス（背中）スロー

準備動作
- うつ伏せに横たわる。
- 両足を肩幅に開く。
- 頭の後ろに両手を置く。両肘は床につける。

方法
- 下背部と左大殿筋を収縮させる。
- 左肘を床につける。
- 持ち上げてひねる。
- １カウント保つ。
- もとの姿勢にゆっくりと戻す。
- 同じ側で１セット行うか，反対側で行う。
- 筋力が向上した場合，運動中，両肘を床から離して行う。

注意：初心者では難しいので，適切な筋力レベルになるまで，彼らの足を引っかけるか，パートナーに軽く足首を押さえてもらう。

55 スーパーマン

腹筋フィットネス（背中）スロー

準備動作
・うつ伏せに横たわる。
・両腕を頭上に伸ばす。

方法
・上半身と両脚を同時に持ち上げて，床から離す。
・3〜5カウント，この姿勢を維持する。
・もとの姿勢に戻す。
・すぐに繰り返す。

56　ユニラテラル・スーパーマン

腹筋フィットネス（背中）スロー

準備動作
- うつ伏せに横たわる。
- 両腕を頭上に伸ばす。

方法
- 左腕，上半身，左脚を同時に持ち上げて，床から離す。
- 3～5カウント保つ。
- もとの姿勢に戻す。
- 同じ側で1セットを行うか，反対側で行う。

57 コントララテラル・スーパーマン

腹筋フィットネス（背中）スロー

準備動作
- うつ伏せに横たわる。
- 両腕を頭上に伸ばす。

方法
- 左腕，上半身，左脚を同時に持ち上げて，床から離す。
- 3〜5カウント保つ。
- もとの姿勢に戻す。
- 反対側（たとえば右腕，左脚）で行う。

58 サイド・レッグ・レイズ

> 腹筋フィットネス（背中）スロー

準備動作
- 左体側を下にして横たわる。
- 両脚をまっすぐに伸ばす。
- 左肘を床につけて，左手で頭を支える。
- 体を少し前方に傾ける。
- 右脚を左脚の約30cm上で保持する。

方法
- 右大殿筋と下腰部筋を収縮させて，右脚を快適にできるだけ後方に高く持ち上げる。
- 1カウント保つ。
- もとの姿勢に戻す（右脚を左脚から30cm離す）。
- 同じ側で1セット行う。
- 反対側で行う。

59 ヒップ・エクステンション

腹筋フィットネス（背中）スロー

準備動作
- 両手と右膝を床につける。
- 左脚を伸ばして，左つま先を床につける。
- 頭を少し持ち上げて，床から約1mから1m30cmほど離れたところをみる。

方法
- 左大殿筋とハムストリングスを収縮させて，快適にできるだけ高く脚を挙げる。
- 1カウント保つ。
- もとの姿勢に戻す。
- 同じ側で1セット行う。
- 反対側で行う。

注意：立位でも行うことができる。壁に向かって両手をついて，指示された方向に動く。

60 エクステンション：膝の巻き込み

腹筋フィットネス（背中）スロー

準備動作

- 両手と右膝を床につける。
- 左脚を胸の下に巻き込む。
- 頭を少し持ち上げて，床から約1mから1m30cmほど離れたところをみる。

方法

- 左脚を伸ばしながら，快適にできるだけ高く脚を挙げる（p.125写真参照）。
- 1カウント保つ。
- もとの姿勢に戻す。
- 同じ側で1セット行う。
- 反対側で行う。

注意：立位でも行うことができる。壁に向かって両手をついて，指示された方向に動く。

61 ハイパー・エクステンション：パートナー補助

腹筋フィットネス（背中）スロー

準備動作

- 硬いベッド（またはパッドの入ったテーブル）にうつ伏せに横たわる。その際，両脚はベッドにのせ，上半身はベッドからはみ出るようにする。
- 臀部が，ベッドの端にくるような姿勢にする。
- パートナーは，足首あたりをしっかりと支える。
- 両手は頭の後ろか，顔を守るように覆う。初心者は，両腕（両手は床につけて）を使って，動作を補助する。筋力が向上したら，徐々に補助がいらなくなる。最終的には，サポートのために両腕を使う必要がなくなる。

方法

- 下腰部と大殿筋を収縮させて，上半身を水平姿勢に挙げる。
- 上半身が床に対して平行になったら，そのまま1カウント保つ。
- もとの姿勢にゆっくりと戻す。
- すぐに繰り返す。
- 頭と両肩は，持ち上げている間中，後ろに傾けるようにする。

62 ベント・ニー・デッド・リフト

腹筋フィットネス（背中）スロー

準備動作
・両脚は肩幅に開いて，立つ。

方法
・背中を伸ばして，両手が膝下にくるまで，臀部と両膝を曲げる。
・頭は上げたままにする。
・両脚と下腰を使って，まっすぐ立つ。
・すぐに繰り返す。

👉 **注意**：抵抗を増すために，片手に水の入ったバケツ（筋力に合わせて水の量を調節する）を持つ。

7 腹筋ストレングス・エクササイズ

　絶対筋力は，筋が1回の収縮で発揮する筋の最大量である。筋持久力は，長い時間に繰り返し力を発揮できる筋肉の能力である。筋力発達の程度は，オーバーロードの度合いに直接的に関連している。1章でギリシャ人レスラーのクロトナのミロが行った，漸進的なレジスタンストレーニングプログラムの話を紹介した。子牛が徐々に成牛に発育していく過程で，ミロは毎日，アリーナへ担いで行く際，牛の体重，すなわち負荷の増加に対して徐々に適応しなければならなかった。これは漸進的なオーバーロードである。筋力向上のための原則に従えば，毎日の生活やスポーツのパフォーマンスで経験している以上の負荷に抵抗しなくては筋力は向上しない。ある一定の負荷に適応できたならば，さらに発達していくためには負荷を増加しなくてはならない。

　骨格筋のサイズや筋への神経支配を向上させることは，筋力と筋のパフォーマンスを向上させることにつながる。ストレングストレーニングと筋サイズの増大とは，比例関係にある。この筋の増大のことを筋肥大という。男性は体内のテストステロンレベルが高く，女性や思春期前の子どもに比べて，ストレングストレーニングによる筋肥大の効果が大きい。女性や子どもも，参与筋が増えたり，モータースキルが発達することによって，筋力，トーニング，パワーが増大する。たしかに，エクササイズにより，筋が太くなり，モータースキルが増加することによって筋肉が変化し，けがの発生を抑えて，負荷をより効率的に動かすようになる。このようなものが，コアの場合である。

　筋システムの各要素を平等に発達させるトレーニングプログラムは存在しないため，目的に

よってプログラムを選ばなければならない。高負荷で低回数（3～6回）のプログラムは、筋力発達に有効である。このプログラムでは、筋が完全に回復するために、一般的にはセット間に長い休息を取り入れる。筋肥大、すなわち筋肉量を増大させるためのトレーニングでは、ストレングス関連の種目は外せない。筋肥大を目的としたトレーニングプログラムを作成するためには、1セットの実施回数を少し増やせる（8～12回）ような負荷に設定し、セット間の休息は短くするようにする。反対に、低負荷で高回数（10回以上）のプログラムは、筋の張りと持久力の発達に有効である。さて、どの方法を選択するか。体の胴周りと腰周りは、最大筋力からもっとも大きな恩恵を受ける部分であるが、それらの筋は、バランスと安定性を保持し脊髄をサポートするために、常に使われており、筋持久力が必要とされる。この毎日の継続した使用に対応できるために、一般人と選手に対して筋持久力発達のためのプログラムを勧める。

　レベルの高い選手であるならば、筋力とパワーに重点を置いた複合的なプログラムを行うべきである。スポーツ動作の中で爆発的に力を発揮する場面が多いなら、コアのパワーを向上するためのプログラムを勧める。高い負荷でのバリスティックな運動は、より爆発的に速筋線維を使う。そのため、フィットネス愛好家よりも、このような種類の活動が多い場合には勧める。パワートレーニングについては8章で紹介する。

　この章では、腹筋のストレングスエクササイズを紹介する。これらのドリルでは、選手が、ストレングスの発達とストレングスを利用することに重点を置いてある。しかし、フィットネス愛好家でも、要望があれば、プログラムの中に、これらのいくつかを選んで取り入れてもよい。この章のドリルは、フリーウエイト（バーベルやダンベルなど）とマシーンのような他のさまざまなストレングストレーニング器具を取り入れているので、必ず6章のエクササイズを習得した後に行うようにする。

　選手は、フリーウエイトをしばしば選択する。なぜなら、フリーウエイトを使用することによって、持ち上げている間に動作を制御、または安定させることを助ける2次的な筋肉が関与するためである。しかし、このタイプのエクササイズには、いくつかのリスクもある。このような方法に精通した人以外には、フリーウエイトは勧めない。ましてや、初心者にはフリーウエイトは勧めない。フリーウエイトを使った場合に違和感を感じるならば、公認アスレチックトレーナーに、正しく指導してもらうとよい。

　レバーやカムを使用している筋力マシーンは、リフターの筋力曲線に合わせて行えるように設計されている。ある筋肉が筋力を発揮する場合、同じ筋肉でも関節角度の違いによって、強い部分や弱い部分がある。理論的には、このタイプの器具では、もっとも弱い部分では、あまり負荷がかからないようにし、もっとも強い部分にはより大きな負荷がかかるようになっている。これらの器具は、フリーウエイトよりも安全であり、フィットネス愛好家でも安心して使用することができる。この章のいくつかのエクササイズは、さまざまな抵抗マシーンを使用している。コアは多くの動作に関連していたり、平均的な人の力曲線に細かく対応することは不

可能であるため，コアだけをトレーニングするためにマシーンを設計することは難しい。頭の中では，異なった筋群のレバーやカムを技術者が描いていたとしても，コア付近の動作は，安全にいくつかの器具（コアではない）で対応できる。

この器具が自分の周辺になくても，ゴムバンド（セラバンドや手術用チューブ）でこの章のいくつかのエクササイズを効果的に行うことができる。このタイプのトレーニングは，ワークアウトを欠かしたくない人が，適切な施設がない場合にも最適である。

この章のエクササイズのアウトラインに沿ったプログラムを始める前に，6章の導入部分を復習して欲しい。そして，腹筋ストレングスエクササイズを次のような人に対して行う。

■ よりレベルの高いフィットネス愛好家
■ 活発な週末の運動選手
　（すでによいコンディションである）
■ すべての競技選手

多くのエクササイズは，身体の身体的な要求を向上させるために外部負荷を使用する。外部負荷は，けがのリスクも増えることを覚えておく必要がある。安全にこれらのエクササイズを行いたいならば，実施することに責任を持たなくてはならない。ドリルの説明を読み直す。可能ならば，正しい技術に詳しいインストラクターかトレーニングパートナーと一緒に行う。最

初に外部負荷なしで動作を練習して習得する。鏡の前で，インストラクターやアスレチックトレーナーによって視覚や言葉によってフィードバックを受ける。技術を習得したら，ゆっくりと外部負荷に慣らしていく。最初は軽い重さから始めることを忘れてはいけない。負荷，回数やセット数を増やしても，技術をおろそかにしてはいけない。

腹筋や背筋が，わずか数回のみしかできない時点において，いたずらに負荷を増やすことはしない。高回数の原則にしたがって，負荷に十分適応できるようになったら負荷を増大していく。

他のタイプのトレーニングと同様に，一度プログラムをやめた場合，急速なディ・トレーニング減少を経験するであろう。今までに増やしたものを失わないために，最低限レベルの維持プログラムを行わなければならない。つまり，ストレングスを高めるよりも維持することが簡単であるということである。維持するためのプログラムは，単純に頻度と期間を減らすことである。しかし，いくつかの種目のワークアウト強度は，そのままにしなければならない。全部のハードワークアウトをこなしていた状態から，ソファーに寝転んでいる状態にしないこと。有効な日課を作り，それを実施しよう。

腹筋フィットネス（腹斜筋）スロー は，トレーニングの目的（対象とする筋肉）と行うスピードを示している。速さについては，p.53を参照。

腹筋ストレングス・エクササイズ

63　フラット・ベンチ・オブリーク・クランチ

腹筋筋力（腹斜筋）ミドル

準備動作
- ベンチの端に座る。
- 股関節と膝が90°なるように曲げる。
- 両脚を床から約5〜15cm持ち上げる。
- 両手は，臀部から30〜60cm後方に置いて，ベンチの横をつかむ。両肘は，曲げた姿勢を保つ。

方法
- 両脚を右へひねる。
- 上半身と下半身を「クランチ」させ，右肩を左膝の方へ持っていく。
- もとの姿勢に戻す。
- 両脚を左へひねる。
- 左肩を右膝の方へ向ける動作を繰り返す。

注意： 下腰部の過伸展を防ぐために，背を少し丸める。

64 ローマン・チェア・サイド・レイズ

腹筋筋力(腹斜筋) スロー〜ミドル

準備動作
- ローマン・チェアを使って,サポートパッドの前部端の上に左臀部を置く。
- 左脚の前に右脚をおいて,下腿のサポートするために,ほどよい位置に置く。
- 右手は後頭部に置く。
- 左手は作用している腹斜筋の上に置く。
- はじめに,水平より少し下へ上半身を傾ける。

方法
- 右腹斜筋を収縮させて,水平よりも少し上へ上半身を持ち上げる。その際,脚を持ち上げないようにする。
- 右肘を右臀部につける。
- 1カウント保つ。
- もとの姿勢にゆっくりと戻す。
- 同じ側で1セット行う。
- 反対側で行う。

注意:腰部に少し違和感を覚えるかもしれないので,注意が必要である。

65 ローマン・チェア・オブリーク・ツイスト

腹筋筋力（腹斜筋）ミドル

準備動作
- ローマン・チェアを使って，下腿パッドの下に足首を置く。
- 上半身パッドの前端に臀部を置く。
- 後ろに傾け，上半身は水平よりもやや上になるようにする。
- 胸の前で両腕を組むか，両手を後頭部に置く。

方法
- 上半身を伸ばした状態でアイソメトリック収縮を行う。
- 左へひねる。
- 頭は上半身にしたがって動く。
- すぐに右の方にひねる。

注意：腰部に少し違和感を覚えるかもしれないので，注意が必要である。下腰部の過伸展を防ぐために，背を少し丸める。

66　ローマン・チェア・オブリーク・リフト・アンド・ツイスト

腹筋筋力（腹斜筋）ミドル

準備動作
- ローマン・チェアを使って，下腿パッドの下に足首を置く。
- 上半身パッドの前端に臀部を置く。
- 後ろに傾け，上半身は水平よりもやや上になるようにする。
- 胸の前で両腕を組むか，両手を後頭部に置く。

方法
- 左腹斜筋と腹筋上部を収縮させる。その際，両脚を持ち上げないようにする。
- 上半身を約20～30cm持ち上げて，ひねる。
- もとの姿勢に戻す。
- 同じ側を1セット行うか，反対側を交互に行う。

注意：腰部に少し違和感を覚えるかもしれないので，注意が必要である。下腰部の過伸展を防ぐために，背を少し丸める。

67 ローマン・チェア・ロシアン・ツイスト

腹筋筋力（腹斜筋）スロー

準備動作
- ローマン・チェアを使って，下腿パッドの下に足首を置く。
- 上半身パッドの前端に臀部を置く。
- 床と背中が約45°になるように，後ろに傾ける。
- 胸の前で両腕を組むか，両手を後頭部に置く。

方法
- 左へひねる。
- 上半身を15～20cm落とす。
- 右へひねる。
- 上半身を15～20cm持ち上げる。その際，両脚を持ち上げないようにする。
- 同じ側で1セット行う。
- 反対側で行う。

注意：腰部に少し違和感を覚えるかもしれないので，注意が必要である。下腰部の過伸展を防ぐために，背を少し丸める。

68　フリー・スタンディング・レッグ・レイズ：オブリーク・クランチ

腹筋筋力（腹斜筋）ミドル

準備動作

- 背中を脊椎サポートパッドに固定する。
- 少し上半身を傾けて，肘パッドの上に肘を休ませる。
- ハンドルを軽く握る。
- 股関節と膝を90°に曲げる。
- 腰部を過伸展させないようにする。
- 肩をしっかりと固定し，左へ下半身をひねる。

方法

- 右腹斜筋と腹筋下部を収縮させて，20〜25cm持ち上げる。
- 投げ出し，あるいは両脚を持ち上げる反動を避ける。
- 1カウント保持する。
- もとの姿勢に戻す。
- 同じ側で1セット行う。
- 反対側で行う。

69 シーティッド・バーベル・ツイスト

> 腹筋筋力（腹斜筋）スロー

準備動作
- ベンチに座る。
- 床に両足をしっかりとつける。
- 肩の上にほうきの柄をしっかりと固定する。（はじめはほうきから始めて，軽いバーベルへと移行する。）
- 背中をしっかりと伸ばす。
- 頭を上げて，目の焦点はまっすぐ前を向く。

方法
- 上半身を左へゆっくりとひねって，1カウント保持する。
- 頭を上げて，目の焦点はまっすぐ前を向くことを忘れない。
- 右側も繰り返す。

70　バーベル・サイド・ベント

腹筋筋力（腹斜筋）スロー

準備動作
- 両足を肩幅に開いて，まっすぐ立つ。
- 膝を少し曲げる。
- 肩の上にほうきの柄をしっかりと固定する。（はじめはほうきから始めて，軽いバーベルへと移行する。）
- 背中をしっかりと伸ばす。
- 頭を上げて，目の焦点はまっすぐ前を向く。

方法
- 左腹斜筋を収縮させて，腰の位置まで曲げる。
- 腰の位置で動きを止める。膝まで持ってきてはいけない。
- 関節可動域には制限があるので，左側に大きく傾きすぎてはいけない。
- 左腹斜筋の完全「クランチ」を行うために，左踵を床から挙げる。
- 1カウント保持する。
- 同じ側を1セット行うか，反対側を交互に行う。

注意：ベンチに座りながら，このドリルを行ってもよい。

71 シングル・アーム・ダンベル・サイド・ベント

腹筋筋力（腹斜筋）スロー

準備動作
- 両足を肩幅より少し開いて，まっすぐ立つ。
- 膝を少し曲げる。
- 右手にダンベルを持つ。
- 左手は頭の後ろに添える。
- 背筋はまっすぐ伸ばす。
- 頭を上げて，目の焦点はまっすぐ前を向く。

方法
- ダンベルの重量を利用して，上半身をゆっくりと右側へ引く。
- 左腹斜筋を収縮させて，左側へ引き戻す。
- 腰の位置で動きを止める。膝まで持ってきてはいけない。
- 関節可動域には制限があるので，左側に大きく傾きすぎてはいけない。
- 左腹斜筋の完全「クランチ」を行うために，左踵を床から挙げる。
- 1カウント保持する。
- もとの姿勢に戻す。
- 同じ側で1セット行う。
- 反対側で行う。

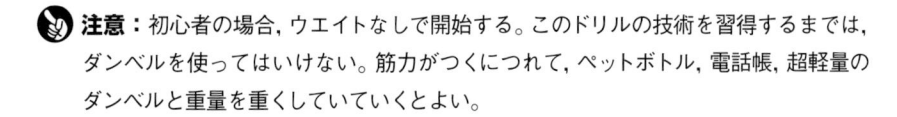

注意： 初心者の場合，ウエイトなしで開始する。このドリルの技術を習得するまでは，ダンベルを使ってはいけない。筋力がつくにつれて，ペットボトル，電話帳，超軽量のダンベルと重量を重くしていくとよい。

72 ニーリング・プルダウン・ツイスト

腹筋筋力（腹斜筋）スロー

準備動作

- 軽い重さを選択する。筋力レベルと技術習得度が上達した場合には、抵抗を増加する。
- ケーブル・クロス・マシーン（ラット・プル・マシーンを利用する場合もある）の前で床に膝をつく。
- 膝を90°に曲げる。両膝は20～30cm離す。
- 上半身は床と平行にし、背筋はまっすぐ伸ばす（注：メーカーからの延長ケーブルが、必要な場合がある）。
- ロープ（棒、棒に二重折りしたタオルをはさむなどのようなものでも可）を握って後頭部でしっかりと保持する。

方法

- 腹斜筋を収縮させて、左肘を右膝の位置まで引く。
- 1カウント保持する。
- もとの姿勢にゆっくりと戻す。
- 同じ側で1セット行うか、反対側で行う。

注意：臀部での過度の動作と背部の過伸展を避ける。この動作は、腹斜筋収縮によって可動域を制限されるべきである。

73 スタンディング・プルダウン・ツイスト

腹筋筋力（腹斜筋）スロー

準備動作
- 軽い重さを選択する。筋力レベルと技術習得度が上達した場合には，抵抗を増加する。
- ラット・プル・マシーン（ケーブル・クロス・マシーンを利用する場合もある）の前に立つ。
- 肩幅に両脚を開いて，膝を少し曲げる。
- 股関節を90°に曲げた（上半身は床と平行）姿勢をとる。そのとき，バーは首の上に直接くる。
- 一度，足がちょうどよい姿勢になったとき，順手で棒を握り近づける。
- 上半身を低くして水平状態にする。
- 頭の後にバーくるようにし，手は耳の横に置く。

方法
- 腹斜筋を収縮させて，左肘を右膝へ引き戻す。
- 1カウント保持する。
- もとの姿勢にゆっくりと戻す。
- 同じ側で1セット行うか，反対側で行う。
- 脚筋力を利用しない。トレーニングしようとしている筋肉に集中する。

注意：臀部での過度の動作と背部の過伸展を避ける。この動作は，腹斜筋収縮によって可動域を制限されるべきである。背部の障害がある場合は，このドリルを避けたほうがよい。

74 シーティッド・プルダウン・ツイスト

腹筋筋力（腹斜筋）スロー

準備動作

- 軽い重さを選択する。筋力レベルと技術習得度が上達した場合には、抵抗を増加する。
- ラット・プル・マシーンを背にして座る。
- 両脚を30～35cm開いて、床にしっかりとつける。
- ロープ（またはタオル）を握って後頭部でしっかりと保持する。
- 大腿部は床と平行にして、上半身を45度傾ける。

方法

- 腹斜筋を収縮させて、左肘を右膝へ引き戻す。
- １カウント保持する。
- もとの姿勢にゆっくりと戻す。
- 同じ側で１セット行うか、反対側で行う。

注意：臀部での過度の動作と背部の過伸展を避ける。この動作は、腹斜筋収縮によって可動域を制限されるべきである。

75　バーティカル・ロー：片腕ひねり

腹筋筋力（腹斜筋）スロー～ミドル

準備動作

- 軽い重さを選択する。筋力レベルと技術習得度が上達した場合には，抵抗を増加する。
- バーティカル・ロー，またはロー・プリー・マシーンのいずれかに座る。
- 両脚を床にしっかりとつけて下半身を固定する。
- 背中をまっすぐに保つ。
- ハンドルを左手で握る。
- 左腕をまっすぐに伸ばしたまま保つ。

方法

- 上半身を反時計周りに回転させて，左腕を後方に余裕の範囲でできるだけ遠くに引っ張る。その間，前記で説明した正しい姿勢を保つ。
- 腹斜筋を使って引く。上腕を使ってはいけない。
- 1カウント保持する。
- もとの姿勢にゆっくりと戻す(ウエイトを急に戻してはいけない)。
- 同じ側で1セット行う。
- 反対側で行う。

76 ロータリー・トーソ

腹筋筋力（腹斜筋）スロー

準備動作
- 多くのマシーンは，メカニカルデザインがさまざまである。
- メーカーからのガイドライン等の指示に従う。

方法
- 運動は，メーカーからのガイドライン等の指示に従う。

77　フラット・ベンチ・ニー・アップ

腹筋筋力（下腹筋）ミドル

準備動作
- ベンチの端に座る。
- 膝を少し曲げてよいが，脚をまっすぐ伸ばすようにする。
- 両足を床から約5～15cmほど離す。
- 両手を臀部から30～60cm後方に置いて，ベンチの横端をつかむ。両肘は曲げたままにしておく。

方法
- 両膝を曲げて，上半身の方へ持ち上げる。その間，上半身は，両膝のほうへ「クランチ」させる。
- もとの姿勢に戻す。
- すぐに繰り返す。

注意：下腰部の過伸展を防ぐために，背を少し丸める。

78 フラット・ベンチ・ストレート・レッグ・リフト

腹筋筋力（下腹筋）ミドル

準備動作

- ベンチの端に座る。
- 膝を少し曲げてよいが，脚をまっすぐ伸ばすように保つ。
- 両足を床から約5～15cmほど離す。
- 両手を臀部から30～60cm後方に置いて，ベンチの横端をつかむ。両肘は，曲げたままにする。

方法

- 両脚をまっすぐ伸ばしながら，上半身とともに，徐々に「パイク」位置のほうへ持ち上げる。
- もとの姿勢に戻す。
- すぐに繰り返す。

注意：下腰部の過伸展を防ぐために，背を少し丸める。

79 スラント・ボード・ニー・アップ

腹筋筋力(下腹筋) スロー

準備動作
- 初心者は15度,上級者は30度以内の角度がつくように腹筋ベンチを調節する。
- 頭部はベンチの先へ,つま先は,下になるようにベンチの上に仰向けに横たわる。
- あごを胸の方へ引く。
- 両腕を頭上へまっすぐ伸ばす。
- ベンチの上部(サポート・バー,ハンドルなど)をつかむ。
- 両膝を完全に曲げる。
- 臀部を曲げ,大腿部は腹部の上に置く。

方法
- 運動中,脊椎上部をボードに常につける。
- 臀部が12.5～20cm上下するように腹筋下部を収縮させる。
  腹筋下部収縮:両脚を投げ出す反動を利用しない。
- 両膝で両脇の下を触る。
- もとの姿勢にゆっくりと戻す。
- すぐに繰り返す。

注意: 両腕を引かないようにし,まっすぐに伸ばしたままにする。

80　スラント・ボード・レッグ・スラスト

腹筋筋力（下腹筋）ミドル

準備動作
- 初心者は15度，上級者は30度以内の角度がつくように腹筋ベンチを調節する。
- 頭部はベンチの先へ，つま先は下になるようにベンチの上に仰向けに横たわる。
- 頭部を後ろに保ち，あごを胸につけない。
- 両腕を頭上へまっすぐに伸ばす。
- ベンチの上部（サポート・バー，ハンドルなど）をつかむ。
- 臀部を持ち上げて，つま先は天井を指す。
- エクササイズ中は，両脚を伸ばして，天井に垂直に保つ。

方法
- 両脚を天井へまっすぐに伸ばし，顔より後ろにしない。
- もとの姿勢にゆっくりと戻す。
- すぐに繰り返す。

注意：両腕を引かないようにし，まっすぐに伸ばしたままにする。

81　フリースタンディング・レッグ・レイズ：膝屈曲

腹筋筋力（下腹筋）ミドル

準備動作
- 背部の一部を脊椎サポートに置く（接地面はできるだけ小さく）。
- 頭部は前方にし，視線はまっすぐ前にする。
- 肘を肘掛けに，上半身の少し前になるように置く。
- ハンドルを軽く握る。
- 臀部と膝を90°にする。
- 腰部を過伸展させない。

方法
- 下腹部を収縮させて，膝を胸の方へ近づける（ロールバック）。臀部は，脊椎サポートにつかないようにする。
- 下半身をもとの位置にゆっくりと戻す。
- もとの状態よりも両脚を下に落とさないようにする。
- すぐに繰り返す。

注意：可動域を限定し，両脚は反動をつけないようにする。

82 フリースタンディング・レッグ・レイズ：交互に脚挙上

腹筋筋力（下腹筋）ミドル

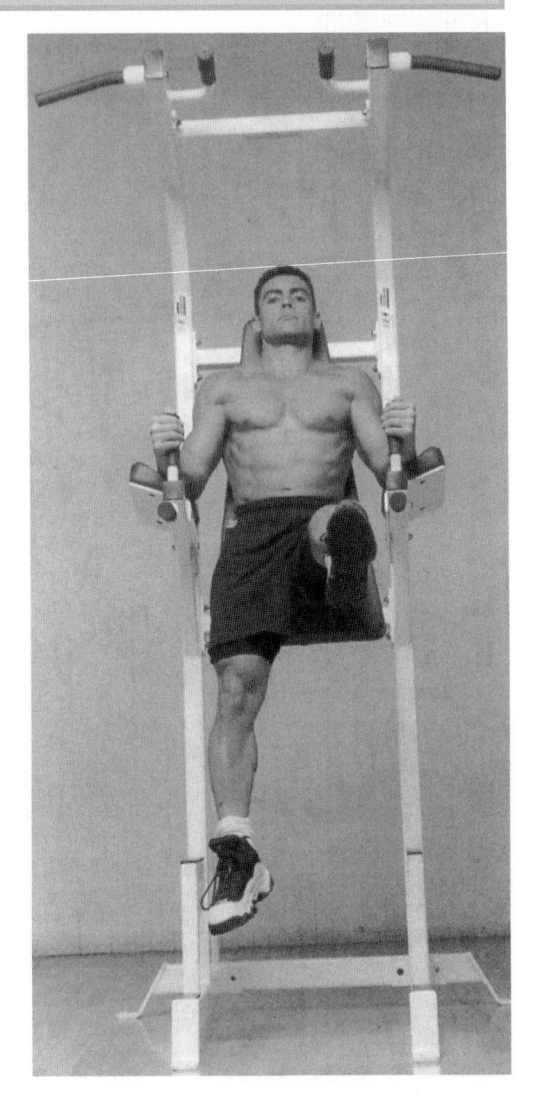

準備動作
- 背部の一部を脊椎サポートに置く（接地面はできるだけ小さく）。
- 頭部を前方にし，視線はまっすぐ前にする。
- 肘を肘掛けに，上半身の少し前になるように置く。
- ハンドルを軽く握る。
- 床に両脚を伸ばす。
- 腰部を過伸展させない。

方法
- 左脚を水平に持ち上げる（右足はそのままで）。
- もとの姿勢に戻す。
- 反対側で行う。

83　フリースタンディング・レッグ・レイズ−脚挙上

腹筋筋力（下腹筋）ミドル

準備動作
- 背部の一部を脊椎サポートに置く（接地面はできるだけ小さく）。
- 頭部を前方にし，視線はまっすぐ前にする。
- 肘を肘掛けに，上半身の少し前になるように置く。
- ハンドルを軽く握る。
- 床に向けて両脚を伸ばす。
- 腰部を過伸展させない。

方法
- 制御しながら，両脚を水平に持ち上げる（股関節を90°に保つ）
- もとの位置にゆっくりと戻す。
- すぐに繰り返す。

注意：筋力の向上にともなって，両脚を水平以上に挙上してみよう。

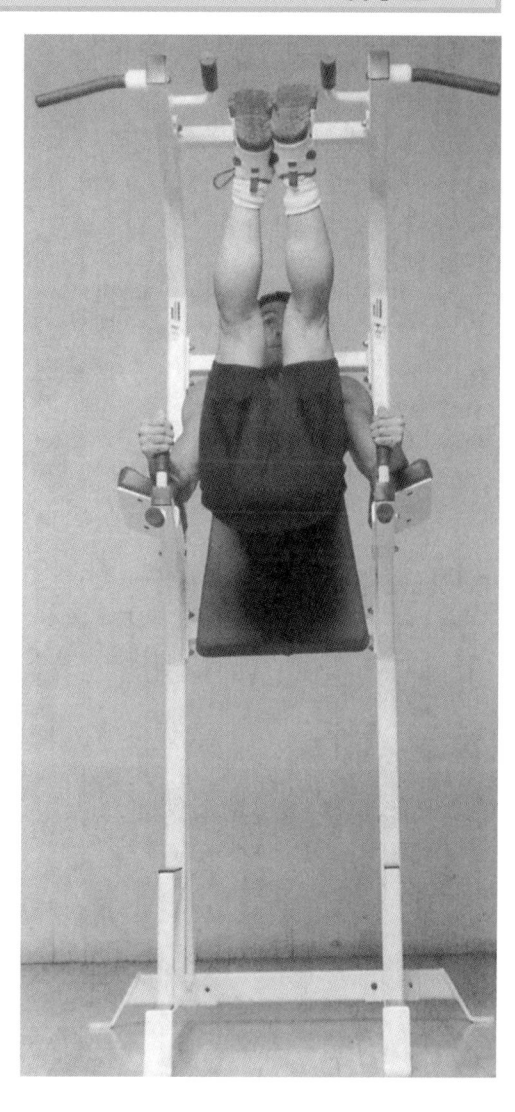

84 ハンギング・カール

腹筋筋力（下腹筋）ミドル

準備動作
- 肩幅よりも少し広めにして，チン・アップ・バーを握る。
- 臀部と膝を90°にする。

方法
- 下腹部を収縮させて，膝をわきの下の方へ近づける。その際，両腕を引きつけないようにする。
- もとの位置にゆっくりと戻す。反動をつけないようにする。
- もとの状態よりも両脚を下に落とさないようにする。
- すぐに繰り返す。

注意：補助者が後方に立って，反動をつけないようにするとよい。肩や腕の力がなく，正しい技術を保てない場合，手首ストラップやひじ掛けを使う。

85　ハンギング・パイク

腹筋筋力（下腹筋）ミドル

準備動作
- 肩幅よりも少し広めにして，チン・アップ・バーを握る。
- 両膝を少し曲げて，両脚を伸ばしてぶら下がる。

方法
- 下腹部を収縮させて，両脚を挙上する。
- 足をバーにつける。
- 腰部を過伸展させない。振動による補助力を増すために振りを利用する。
- 挙上中の背中の「ハンチ」または，「カーブ」を保つ。
- もとの位置にゆっくりと戻す。反動をつけないようにする。
- すぐに繰り返す。

注意： 腹筋力とコーディネーション能力が必要である。補助者が後方に立って，反動をつけないようにするとよい。肩や腕の力がなく，正しい技術を保てない場合，手首ストラップやひじ掛けを使う。

86 ニーリング・プルダウン・クランチ

腹筋筋力（上腹筋）スロー

準備動作
- 最初は軽い重量を選択する。筋力レベルと技術習得度に応じて，抵抗を増加させる。
- ケーブル・クロスマシーンの前で両膝を床につける（ラット・プルマシーンを使うこともできる）。
- 両膝を90度に曲げ，20～30cm離す。
- 上半身を床と平行にして，背中をまっすぐ伸ばす（注：エクステンション・ケーブルは，いくつかのマシーンでは必要かもしれない）。
- ロープ（バーや二つ折りにしたタオルなど）を，頭部後方でしっかりと握る。

方法
- 上腹部を収縮させて，「カール」させながら床の方へ肩を下げる。
- 大腿部の方へ肘を動かす。
- 1カウン保持する。
- もとの位置にゆっくりと戻す。
- すぐに繰り返す。

注意：臀部の過剰な動作や腰部の過伸展を避ける。唯一の動作は，上腹部を収縮させることによる限られた範囲での可動である。

87　スタンディング・プルダウン・クランチ

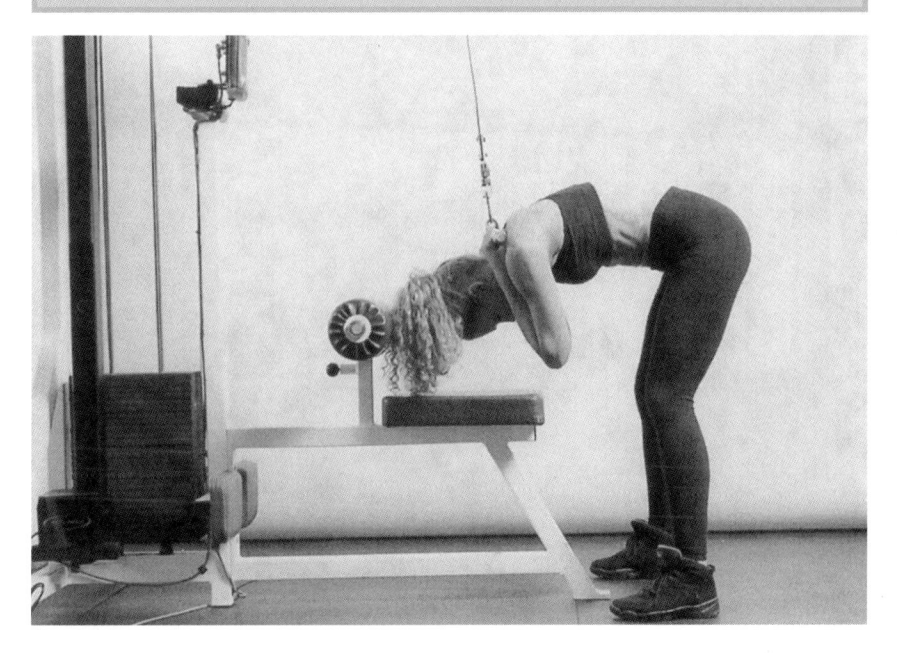

腹筋筋力（上腹筋）スロー

準備動作
- 最初は軽い重量を選択する。筋力レベルと技術習得度に応じて，抵抗を増加させる。
- ラット・プルマシーンの前で立つ（ケーブル・クロスマシーンを使うこともできる）。
- 両脚を肩幅に開いて，まっすぐに保つ。
- 股関節を90度に曲げ，上半身は床に対して平行になるようにする。バーは，首の上に直接つける。
- 一度，両脚が快適な位置に置けたら，順手で握る。
- 上半身下部は，水平な位置に保つ。
- 両手を両耳の横につけて，バー後方に位置させる。

方法
- 上腹部を収縮させて，肩を「カール」させる。
- 大腿部の方へ肘を動かす。
- 1カウント保持する。
- もとの位置にゆっくりと戻す。
- すぐに繰り返す。

注意： 臀部の過剰な動作や腰部の過伸展を避ける。唯一の動作は，上腹部を収縮させることによる限られた範囲での可動である。腰部に違和感を発生させる可能性がある。

88 シーティッド・プルダウン・クランチ

腹筋筋力（上腹筋）スロー

準備動作
- 最初は軽い重量を選択する。筋力レベルと技術習得度に応じて，抵抗を増加させる。
- ラット・プルマシーンを背にして座る。
- 両脚をしっかりと床につけて，30～45cm離す。
- ロープ（バーや二つ折りにしたタオルなど）を，頭部後方でしっかりと握る。
- 両脚は床から平行にして，上半身下部が45度になるようにする。

方法
- 上腹部を収縮させて，肩を「カール」させる。
- 大腿部の方へ肘を動かす。
- 1カウント保持する。
- もとの位置にゆっくりと戻す。
- すぐに繰り返す。

注意：臀部の過剰な動作や腰部の過伸展を避ける。唯一の動作は，上腹部を収縮させることによる限られた範囲での可動である。

89 ローマン・チェア・アッパー・アブ・アイソレート

腹筋筋力（上腹筋）スロー～ミドル

準備動作
- ローマン・チェアを使って，足関節は下腿パッドの下で固定する。
- 臀部パッドの前端に臀部は固定する。
- 上半身を水平よりやや上向きに後方へ倒す。腹筋下部と股関節屈筋をアイソメトリックに収縮させながら，この姿勢を保持する。
- 両腕は，胸の前で交差させるか，頭部後方に両手を置く。

方法
- 上腹部を収縮させて，肩を前方へ「カール」させる。両脚や腹筋下部の筋肉を持ち上げてはいけない。
- 1カウント保持する。
- もとの位置にゆっくりと戻す。
- すぐに繰り返す。

> **注意**：腰背部に違和感を訴える可能性があるので，注意が必要である。脊椎を少し曲げるようにすることによって，腰背部の過伸展を取り除くことができる。

90　アッパー・アブ・クランチ・マシーン

腹筋筋力（上腹筋）スロー〜ミドル

準備動作
- マシーンは，機械的なデザインによってさまざまな種類がある。
- メーカーのガイドラインに沿って行うとよい。

方法
- メーカーの指示に沿って行う。

91 プローン・レッグ・レイズ・オン・テーブル

腹筋筋力（背筋）スロー

準備動作
- テーブルや平らなベンチの上にうつ伏せに寝る。
- 臀部がテーブルの端になるようにする。
- 両手でテーブルの横端をつかむ。
- 両脚を伸ばし、両膝は少し曲げて、両踵がつくようにする。

方法
- 最初は，両脚が床に対して平行より少し下の位置で固定する。
- 下腰部と大臀部の筋肉を収縮させる。
- 床に対して水平より上の位置に両脚を挙げる。
- 数カウント保持する。
- もとの位置にゆっくりと戻す。
- すぐに繰り返す。

92 ローマン・チェア・バック・クランチ

腹筋筋力（背筋）ミドル

準備動作
- ローマン・チェアに足関節サポート（下腿パッド）と臀部パッドを調整して，うつ伏せになる。
- ウエストの部分で曲げる。
- 上半身は床から垂直になるように曲げておく。
- 両腕は，胸の前で交差させるか，頭部後方に両手を置く。

方法
- 下腰部や大殿筋を収縮させて，上体を床から平行よりもやや上に持ち上げる。
- 1カウント保持する。
- もとの位置にゆっくりと戻す。
- 1カウント同じ姿勢を保持する。降ろしたときにバウンドしないようにする。
- すぐに繰り返す。

注意：呼吸は，持ち上げるときに吐いて，下げるときに吸う。

93 ローマン・チェア・バック・クランチ・ツイスト

腹筋筋力（背筋）ミドル

準備動作
- ローマン・チェアに足関節サポート（下腿パッド）と臀部パッドを調整して，うつ伏せになる。
- ウエストの部分で曲げる。
- 上半身は床から垂直になるように曲げておく。
- 両腕は，胸の前で交差させるか，頭部後方に両手を置く。

方法
- 下腰部や大殿筋を収縮させて，上半身を持ち上げる。
- 上半身を持ち上げるにつれて，左にひねる。
- 上半身が，床から平行よりもやや上に持ち上がったらやめる。
- 1カウント保持する。
- もとの位置にゆっくりと戻す。
- 同じ姿勢を1カウント保持する。降ろしたときにバウンドしないようにする。
- 右側で行う。

注意：呼吸は，持ち上げるときに吐いて，下げるときに吸う。

94 シーティッド・ロー・プル

腹筋筋力（背筋）ミドル

準備動作
- 最初は，軽い重量を選択する。筋力レベルと技術習得度に応じて，抵抗を増加させる。
- ラット・プルマシーンの椅子（または床）に座る。そして，両脚はサポートに置く。
- 両膝を曲げて，上半身を前方に曲げて，ハンドルをつかむ。
- エクササイズ中は，両腕は伸ばした状態を保つ。

方法
- スムーズに行いながら，下腰部筋を収縮させて，後方へ倒す（けっして腕だけを引いてはいけない）。
- 上半身が床から45度になった位置で止める。
- もとの位置にゆっくりと戻す。
- すぐに繰り返す。

95 ミッド・プーリー・ランバー・ローテーション

腹筋筋力（背筋）ミドル

準備動作

- 最初は軽い重量を選択する。筋力レベルと技術習得度に応じて，抵抗を増加させる。
- プーリーマシーンの前で両脚は肩幅に開いて立つ。左肩は，マシーンに近づける。
- 両膝を少し曲げて，上半身はまっすぐにする。
- 上半身をプーリーマシーンの方へひねる。
- 体の前を通って，右手でハンドルを持つ。
- 右肘を90度に曲げる。
- 右肘を左手でつかむ。

方法

- 上半身を右へひねる。
- １カウント保持する。
- もとの位置にゆっくりと戻す。
- 同じ側を１セット行う。
- 反対側で行う。

注意：腹斜筋を動かしている間，下腰部の筋肉も関与している。

96 ロー・プーリー・ダイアゴナル・ローテーション

> 腹筋筋力（背筋）ミドル

準備動作

- 最初は，軽い重量を選択する。筋力レベルと技術習得度に応じて，抵抗を増加させる。
- プーリーマシーンの前で両脚は肩幅に開いて立つ。左肩は，マシーンに近づける。
- 両膝を少し曲げる。
- 上半身をプーリーマシーンの方へひねる。
- 両手を下げて，ロープーリー・ハンドルを持つ。

方法

- 一連のスムーズな動作で，上半身を右へひねって，背筋を伸ばしたまま，体を横切るように斜めに引く（ケーブルは胸の近くを通す）。
- できるだけ高く引き上げる。
- もとの位置にゆっくりと戻す。
- 同じ側を1セット行う。
- 反対側で行う。

注意：腰痛やその周囲のけがの既往歴のある人は，注意して行う必要がある。

97　ハイ・プリー・ダイアゴナル・ローテーション

腹筋筋力（背筋）ミドル

準備動作
- 最初は，軽い重量を選択する。筋力レベルと技術習得度に応じて，抵抗を増加させる。
- プリーマシーンの前で両脚は肩幅に開いて立つ。左肩は，マシーンに近づける。
- 両膝を少し曲げる。
- 上半身をプリーマシーンの方へひねる。
- 両手を下げて，ハイプリー・ハンドルを持つ。

方法
- 一連のスムーズな動作で，上半身を右へひねって，背筋を伸ばしたまま，体を横切るように斜めに引く（ケーブルは胸と左肩の近くを通す）。
- もとの位置にゆっくりと戻す。
- 同じ側で1セット行う。
- 反対側で行う。

注意：腰痛やその周囲のけがの既往歴のある人は，注意して行う必要がある。

98　ロー・プーリー・ヒップ・エクステンション

腹筋筋力（背筋）ミドル～ハイ

準備動作
- 最初は，軽い重量を選択する。筋力レベルと技術習得度に応じて，抵抗を増加させる。
- プリーマシーンの正面に立つ。
- アンクルストラップを左足首に固定する。
- 両手をハンドル，またはマシーンフレームに固定する。
- 背筋をまっすぐに伸ばす。

方法
- 左脚をまっすぐに保ち，後方へ曲げる。
- 1カウント保持する（反動をつけてはいけない）。
- まっすぐに立つ（腰を曲げてはいけない）。
- もとの位置にゆっくりと戻す。
- 同じ側で1セット行う。
- 反対側で行う。

99 ダンベル・クロス・ベント

腹筋筋力（背筋）スロー～ミドル

準備動作
- 最初は，軽い重量を選択する。筋力レベルと技術習得度に応じて，抵抗を増加させる。
- まっすぐに立つ。
- 肩幅よりやや広めに両足を開く。
- 両膝を少し曲げる。
- 左手を左腰に置く。
- 右手で軽量のダンベルを持つ。
- 右手をまっすぐにして，体の正面で持つ。

方法
- 曲げながらひねる。つまり，ダンベルは左腿に近づける（筋力レベルが向上するにつれて，膝，すね，究極には足に近づける）。
- 腰筋を収縮させながら，もとの位置にゆっくりと戻す。
- 同じ側で1セット行う。
- 反対側で行う。

注意：腰痛やその周囲のけがの既往歴のある人は，注意して行う必要がある。

100　ベント・ニー・デッド・リフト：バーベル使用

腹筋筋力（背筋）スロー

準備動作
- 最初は軽い重量を選択する。筋力レベルと技術習得度に応じて，抵抗を増加させる。
- パワーラックを使用して，バーベルを膝位置よりも少し低く固定する。
- 両膝を少し曲げる。
- 腰を曲げる。
- 膝より外側でバーを握る。
- 逆順手（片手は順手で，もう一方は逆手）で握ることによって，バーのひねりを防ぐ。
- 背筋を伸ばす。
- あごをあげる。

方法
- 両脚を持ち上げることによって動作を始める。
- 下腰筋と大殿筋を収縮させることによって動作が継続され，挙上できる（過伸展や背中のアーチをしてはいけない）。
- 背筋をまっすぐ伸ばし，動作中は背中の筋肉を引き締める。
- 持ち上げきったときにも，両脚を伸ばすように保つ。
- 両腕を伸ばして，持ち上げている間中も体に近づける。
- 両膝を最初に曲げてから股関節を曲げて，もとの位置にゆっくりと戻す。
- すぐに繰り返す（反動をつけてはいけない）。

注意：腰痛やその周囲のけがの既往歴のある人は，注意して行う必要がある。呼吸は，持ち上げるときに吐いて，下げるときに吸う。ダンベルを使用しても行うことができる。

101　相撲タイプ・デッド・リフト：バーベル使用

腹筋筋力（背筋）スロー

準備動作
- 最初は，軽い重量を選択する。筋力レベルと技術習得度に応じて，抵抗を増加させる。
- パワーラックを使用して，バーベルを膝位置よりも少し低く固定する。
- 両膝を少し曲げる。
- 腰を曲げる。
- 膝より外側でバーを握る。
- 逆順手（片手は順手で，もう一方は逆手）で握ることによって，バーのひねりを防ぐ。
- 背筋を伸ばす。
- あごをあげる。

方法
- 両脚を持ち上げることによって動作を始める。
- 下腰筋と大殿筋を収縮させることによって動作が継続され，挙上できる（過伸展や背中のアーチをしてはいけない）。
- 背筋をまっすぐ伸ばし，動作中は背中の筋肉を引き締める。
- 持ち上げきったときにも，両脚を伸ばすように保つ。
- 両腕を伸ばして，持ち上げている間中も体に近づける。
- 両膝を最初に曲げてから股関節を曲げて，もとの位置にゆっくりと戻す。
- すぐに繰り返す（反動をつけてはいけない）。

注意：腰痛やその周囲のけがの既往歴のある人は，注意して行う必要がある。呼吸は，持ち上げるときに吐いて，下げるときに吸う。ダンベルを使用しても行うことができる。

102　ロー・バックまたはヒップ・アンド　バック

腹筋筋力（上腹筋）スロー〜ミドル

準備動作
・マシーンは，機械的なデザインによってさまざまな種類がある。
・メーカーのガイドラインに沿って行うべきである。

方法
・エクササイズは，メーカーの指示に沿って行うべきである。

腹筋パワー・エクササイズ 8

　フィジカルトレーニングは，スポーツ活動中でおろそかにされやすい分野の1つである。多くのプログラムは，通常以上の時間をドリブル，パス，シュートなどのようなスポーツに特異的なスキルを向上させることに費やされる。結局，それが競技練習で，スポーツに特異的なスキルを発揮できるレベルを決定する。

　高い競技練習のためのトレーニングは，精神的にも肉体的にも高いパフォーマンスのために必要である。それは心と体の調和の取れた関係を示す。

　楽しい？　いいえ。しかしながら，これは控え選手とチャンピオンを分けるもっとも重要な要因である。

● 共同トレーニング

　パワートレーニングは，競技選手のために用意されている。競技スポーツのダイナミックな性質のため，胴体の前部と後部の共同作用による爆発的なパワーをトレーニングすることが必要である。共同とは，各パーツを合計したときよりも大きな力を生み出す全体の活動量（仕事量）と位置づける。核となる動作（屈曲，伸展，回旋など）の無限なコンビネーションと活動する平面がある。たとえば，サイド・トゥ・サイド・ベンディングは，前面で行われる。ツイストは回転面で，前後ベンディングは矢状面で行われる。個々に，これらの根本的な面の各動きは，全体の各部分を表している。全体の各部分を高めることは，たしかに選手の大きな構成要

素を支配している。しかし，選手は，多面での動きを取り入れなければならない。つまり，核となる動きに対して，筋組織を統合することである。

● 機能トレーニング

収縮している筋肉群だけではなく，胴体全体を含む活動部位は，機能的パワー発達を表している。主要なエネルギーシステムや，スポーツやポジションでの特異的な動きに近い動きを取り入れたメニューを選ぶ。たとえば，円盤投げ選手の機能的な動作は，主として回転動作であり，短距離選手は主に伸展と屈曲である。特異性の考え方に従えば，円盤投げ選手の主なトレーニングの焦点は，回転要素を含むドリルと活動を中心に行うべきである。回転の動きがあまりない短距離選手では，そのようなトレーニングはほとんど行わない方がよい。たいていのスポーツでは，すべての面内での動作を要求される。トレーニングの中でどの部分に重点を置くことや特異的なニーズを決めるのはあなた次第である。

コア・エリアは，主に遅筋線維から成り立っている。これは，素早い回復とともに大きな負荷に耐えられる能力があるということを指している。しかし，遅筋線維が優勢であっても，速筋線維は存在する。たしかに，コア・エリアは，爆発的な動作を行うことができる。加えて，手足の爆発的な動作は，パワーの中心を通して生み出されたり，移動することができ，そうすることによって動きが安定する。結果として，コアのパワー向上は爆発的で，しかもトレーニングではスポーツの実際の動作により類似した動きを取り入れなければならない。これは，速筋線維の動員と発達を引き出し，実際に使用できる機能的パターンにすべての筋を集中することになる。

● パワー・エクササイズ

この章の腹筋エクササイズは，パワーを高めるためのものある。多くのエクササイズはプライオメトリックスであるが，いくつかのものは，爆発的な収縮を起こす前に小さい可動域でのストレッチを示さないので，プライオメトリックスの分類に当てはまらない。しかし，この章の高速度ドリルとプライオメトリックスによく利用されるメディシンボールを使わなければならないという事実のために，パワー関連として注意深く分けるようにした。各回数で以前の種目よりも，少し速い速度で行うこれらの運動を一般的に「パワー」と呼ぶ。

パワートレーニングは，筋力と持久性トレーニングとは決定的に異なる。もし，1章を読みなおすと理解できるが，プライオメトリック・エクササイズは，筋肉発達の神経的局面に集中している。4つの重要な生理的変化が，プライオメトリックスの結果として起きる。

1. 貯蔵できる弾性エネルギー量が向上する。
2. 関与する線維の割合が大きくなるにつれて，より力強く収縮することを筋肉に教える。
3. 力の総括としての神経経路が，運動単位のより効率的連鎖の発達を刺激する。
4. 拮抗筋（反対側の）の不要な刺激収縮の遅延効果を抑制する刺激を強くする。

プライオメトリックスは，より効率的な筋機能を助ける。つまり，出力パワーを向上させるであろう。簡単に言うと，プライオメトリックスは，神経筋経路を通ってパワーのスピード要素をトレーニングする。

Guidelines for Power Activities
パワー・エクササイズのためのガイドライン

1　これらのパワードリルを現在のトレーニングに取り入れようと計画しているならば，エリート競技レベルに参加していると判断する。これらのエクササイズは，一般的にはほとんど利用されていない。この章に進むのは，身体能力が，6章と7章のほとんどのドリルを行うことに問題がないことを指している。9章の腹筋強化トレーニング・プログラムをじっくり見てほしい。このプログラムへの準備がまだ整っていないと考えられる場合，これらのドリルを始める準備が，整っていないのである。

2　常にウォームアップを最初に行う。活発に動かす筋肉が，不適切に準備された場合，けがを引き起こす。この章のエクササイズの概略を見るにつれて，爆発的，時には激しい傾向にあることを知るであろう。たいていのスポーツは，このような似たような要素を含んでいる。冷たい状態でこれらのエクササイズを行うことは危険である。したがって，各トレーニングセッションにおいて，静的柔軟性および動的動作の両者を含むウォームアップを十分に行うことを強く勧める。実際に行おうとしている動作パターンに類似したエクササイズをウォームアップで選び，徐々に速度を増していく。

3　適切な強度を決めるのは，常に挑戦である。しかし，「もっとやってみる」という行為は常によいことではないと覚えておいたほうがよい。現在の状態に合ったレベルから始めるべきである。この章の写真は，3kgのメディシンボールを使用している。しかし，コンディショニングの恩恵を受ける最小の重量だと思ってはいけない。はじめは技術を習得して，1kgのメディシンボールから2kgへと，徐々

に増やしていく。いくつかのエクササイズは、他のエクササイズよりも、より難しいことがわかるであろう。したがって、いくつかのドリルでは、急速にボールを重くしない方がよい。

4 正しい技術は、重要である。重量、回数やセット数の増加のためにけっして技術を犠牲にしてはいけない。技術に確信がもてない場合、技術に詳しいトレーニングパートナーを見つけて教えてもらうか、鏡で自分自身を映し出して、すぐにフィードバックが受けられるようにする。

5 けがのリスク回避のため、疲労があるときは、パワーエクササイズをけっして行ってはいけない。各セットの回数は、10～25回の範囲で、各セットの総回数は低く（300回以内）する。セット間には、十分な休息（最低1分間）を取るようにする。

腹筋パワー（腹斜筋）ハイ は、トレーニングの目的（対象とする筋肉）と行うスピードを示している。速さについては、p.53を参照。

パワー・エクササイズ

103　スタンディング・トランク・ローテーション：腕を張って

腹筋パワー（腹斜筋）ハイ

準備動作
- まっすぐに立つ。
- 両足を肩幅に開く。
- 両膝を少し曲げる。
- 拇指球の少し前に荷重する。
- 上半身をしっかりとコントロールする。
- 胸の前で，ボールを保持して，肘を曲げて突き出す。
- 始めるにあたって，両肩と顔を左へ向ける。

方法
- 右腹斜筋を収縮させて，すばやく上半身をひねりボールを右へ動かす。
- 休むことなく，ただちにボールの慣性を利用して，左へ動かす。
- 両足を軸にする。これは，膝にかかる回転のストレスを軽減する。
- すぐに繰り返す。

注意：強化するにつれて，ボールの重量を増やす。しかし，負荷を増やすために技術を怠ってはいけない。

104 スタンディング・トランク・ローテーション：腕を伸ばして

> 腹筋パワー（腹斜筋）ハイ

準備動作

- まっすぐに立つ。
- 両足を肩幅に開く。
- 両膝を少し曲げる。
- 拇指球の少し前に荷重する。
- 上半身をしっかりとコントロールする。
- 胸の前で両腕を伸ばしてボールをつかむ。
- 始めるにあたって，両肩と顔を左へ向ける。

方法

- 右腹斜筋を収縮させて，上半身をすばやくひねりボールを右へ動かす。
- 休みことなく，ただちにボールの慣性を利用して，左へ動かす。
- 両足を軸にする。これは，膝にかかる回転のストレスを軽減する。
- すぐに繰り返す。

> **注意**：強化するにつれて，ボールの重量を増やす。しかし，負荷を増やすために技術を怠ってはいけない。

105 シーティッド・トランク・ローテーション：腕を張って

腹筋パワー（腹斜筋）ハイ

準備動作
- 両足を伸ばして，床に座る。
- 両足を肩幅に開く。
- 背筋を伸ばす。
- あごを上げる。
- 上半身をしっかりとコントロールする。
- 胸の前で，ボールを保持して，肘を曲げて突き出す。
- 始めるにあたって，両肩と顔を左へ向ける。

方法
- 右腹斜筋を収縮させて，上半身をすばやくひねりボールを右へ動かす。
- 休むことなく，ただちにボールの慣性を利用して，左へ動かす。
- 両足を軸にする。これは，膝にかかる回転のストレスを軽減する。
- すぐに繰り返す。

注意：強化するにつれて，ボールの重量を増やす。しかし，負荷を増やすために技術を怠ってはいけない。

106 シーティッド・トランク・ローテーション：腕を伸ばして

> 腹筋パワー（腹斜筋）ハイ

準備動作
- 両足を伸ばして，床に座る。
- 両足を肩幅に開く。
- 背筋を伸ばす。
- あごを上げる。
- 上半身をしっかりとコントロールする。
- 胸の前で両腕を伸ばしてボールをつかむ。
- 始めるにあたって，両肩と顔を左へ向ける。

方法
- 右腹斜筋を収縮させて，上半身をすばやくひねりボールを右へ動かす。
- 休むことなく，ただちにボールの慣性を利用して，左へ動かす。
- 両足を軸にする。これは，膝にかかる回転のストレスを軽減する。
- すぐに繰り返す。

注意：強化するにつれて，ボールの重量を増やす。しかし，負荷を増やすために技術を怠ってはいけない。

107 サイド・ベント

腹筋パワー（腹斜筋）ミドル

準備動作
- 背筋を伸ばす。
- 両足を肩幅よりやや広くして開く。
- 両膝を少し曲げる。
- 上半身をしっかりとコントロールする。
- ボールを頭につけないようにして、できるだけ近い位置で保持する。

方法
- 左側に傾ける。
- 休むことなく、ただちにボールの慣性を利用して、右側に傾ける。
- 上半身の姿勢を維持する。前方や後方に傾けてはいけない。
- すぐに繰り返す。

注意：強化するにつれて、ボールの重量を増やす。しかし、負荷を増やすために技術を怠ってはいけない。

108 ロシアン・ツイスト：メディシンボール使用

腹筋パワー（腹斜筋）ミドル

準備動作
- 仰向けに寝る。
- 両足を肩幅に開く。
- 90度に両膝を曲げる。
- ボールをつかむ。
- 両肘を少し曲げる。
- 始めるにあたって，ボールを肩の位置に保持し，顔を左にして床につける。

方法
- 右腹斜筋と腹筋上部を収縮させる。
- 上半身を右にひねって，床から約45度持ち上げる。
- ボールを両膝の上を通して床の右側置く。
- すぐに反対側で行う。

👉 **注意**：強化するにつれて，ボールの重量を増やす。しかし，負荷を増やすために技術を怠ってはいけない。

109　パートナー・サイド・トゥ・サイド：立位

腹筋パワー（腹斜筋）ミドル

準備動作
- 1.5〜3mぐらい離れて，向き合って立つ。
- まっすぐに立つ。
- 両足を肩幅に開く。
- 両膝を少し曲げる。
- 上半身をしっかりとコントロールする。
- Bが腰の高さで横にボールを持つ。
- 始めるにあたって，Bは肩越しにターンして，顔を左にする。

方法
- Bは，左臀部からAの右臀部へボールをトスする（向き合って同じ側）。
- ボール「力」の慣性を利用して，Aは反対側にひねる。
- Aは反動でひねりを加え，すぐにBの左側にボールを返す（最初と同じ側）。
- 正しい姿勢を維持する。
- 前方や後方へ傾けてはいけない。
- 同じ側で1セット行う。
- 反対側で行う。

注意：強化するにつれて，ボールの重量を増やす。しかし，負荷を増やすために技術を怠ってはいけない。

110 パートナー・アシスト・ローテーション：座位

腹筋パワー（腹斜筋）ミドル〜ハイ

準備動作
- B（パスを受け取る側）は，膝を90度に曲げて座る。
- A（パスを投げる選手）は，両足を肩幅に広げて立つ。
- Bは背筋を伸ばし，両手を顔の位置で構え，捕球する準備をする。
- ボールに焦点を合わして集中する。
- Aは，パスを投げやすい距離に離れ（数cm〜数m），ボールを持つ。

方法
- ボールをトスするAは，Bの左側に立つ。Bの左肩上に投げる。最初，トスはゆっくりと投げ，筋力とコーディネーションが向上するにつれて，スピードを上げる。
- Bが捕球したとき，衝撃が後方の床の方へいくようする。
- 下方への衝撃をコントロールして，床にボールをつける（バウンドさせてはいけない）。
- Bはもとの姿勢にすばやく戻り，ボールをAに投げ返す。
- そのとき，Bは体の正面でなく，肩の上でボールを保持する。
- 同じ側で1セット行う。
- 反対側で行う。

注意：強くなるにつれて，ボールの重量を増やす。その際，抵抗を増やすために技術を犠牲にしてはいけない。もし，Bが完全な動作を行うために補助が必要な場合，AはBの両足を押さえるように立つ。

111　パートナー・クロス・トス：立位

腹筋パワー（腹斜筋）ハイ～ハイパー

準備動作
- 1.5m～3mぐらい離れて，向き合って立つ。
- まっすぐに立つ。
- 両足を肩幅に開く。
- 両膝を少し曲げる。
- 上半身をしっかりとコントロールする。
- Bが腰の高さで横にボールを持つ。
- 始めるにあたって，Bは肩越しにターンして，顔を左にする。

方法
- BはAの左側へ，対角線上にボールをトスする。
- ボールの勢いを利用して，Aは反対側にひねる。
- Aは反動でひねりを加え，ただちにBの左側にボールを返す（最初と同じ側）。
- 正しい姿勢を維持する。
- 前方や後方へ曲げてはいけない。
- 同じ側で1セット行う。
- 反対側で行う。

注意： 強化するにつれて，ボールの重量を増やす。しかし，負荷を増やすために技術を犠牲にしてはいけない。

112　パートナー・クロス：座位

腹筋パワー（腹斜筋）ミドル〜ハイ

準備動作
- 両選手ともに顔をあわせるように向き合って，床に座る。距離は適当に。
- 両足を肩幅に開く。
- 膝を少し曲げる。
- 背筋を伸ばす。
- 両手を挙げて捕球の準備をする。
- ボールに焦点を合わして集中する。
- Ｂは，腰の高さにボールを持つ。
- 始めるにあたって，Ｂは肩越しにターンして，顔を左にする。

方法
- Ｂは，Ａの左側へ対角線上にボールをトスする。
- ボールの勢いを利用して，Ａは反対側にひねる。
- Ａは反動でひねりを加え，ただちにＢの左側にボールを返す（最初と同じ側）。
- 正しい姿勢を維持する。
- 前方や後方へ傾けてはいけない。
- 左側で１セット行う。
- 反対側で行う。

　注意：強化するにつれて，ボールの重量を増やす。しかし，負荷を増やすために技術を犠牲にしてはいけない。

113 壁クロス・トス：立位

腹筋パワー（腹斜筋）ハイパー

準備動作

- 120〜180cmくらい離れて，まっすぐに立つ。顔は壁に向ける。
- 両足を肩幅に開く。
- 両膝を少し曲げる。
- 上半身をしっかりとコントロールする。
- 両肘は少し曲げる。
- 腰よりも少し高くボールを持つ。
- 始めるにあたって，両肩と顔を左に反転する。

方法

- 臀部（下半身）をひねって，壁に向かって対角線上にボールを投げる。
- ボールを離した高さよりも，高い位置にボールを壁にぶつける。
- 正しく投げた場合には，ボールは右臀部の方へ跳ね返される。
- ボールを捕球して，反対側にすばやく投げる。
- 臀部（下半身）を，壁に向かってひねる。
- 両腕や上半身を使って，ボールを投げてはいけない。それよりも，瞬発的な腹斜筋活動に集中して行う。
- 反対側で1セット行う。

注意：強化するにつれて，ボールの重量を増やす。しかし，負荷を増やすために技術を犠牲にしてはいけない。

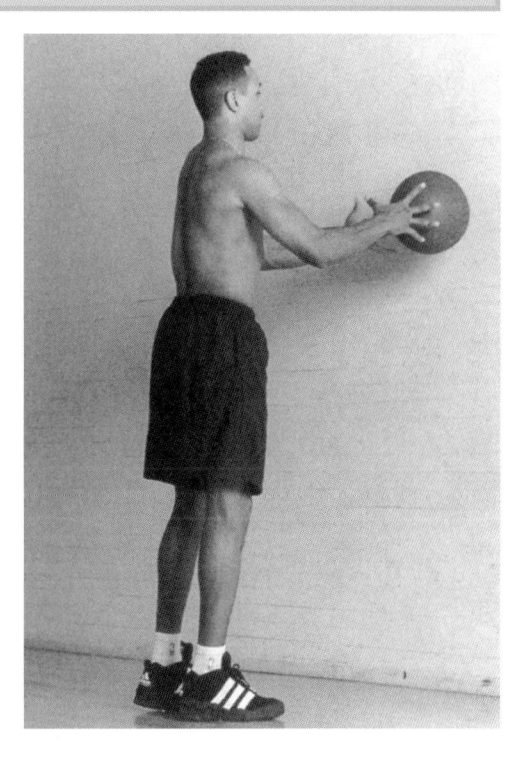

114　壁クロス・トス：座位

腹筋パワー（腹斜筋）ハイパー

準備動作
- 顔は壁に向けて座る。
- 両足を肩幅より少し広めに開く。
- 両足を壁につける。（筋力とコーディネーションが向上するにつれて，壁から徐々に離れるようにする。
- 背筋をまっすぐに伸ばす。
- 上半身をしっかりとコントロールする。
- 両肘は少し曲げる。
- 腰よりも高くボールを持つ。
- 始めるにあたって，両肩と顔を左に反転する。

方法
- 臀部（下半身）をひねって，壁に向かって対角線上に投げる。
- ボールを離した高さよりも，高い位置にボールを壁にぶつける。
- 正しく投げた場合には，ボールは右臀部の方へ跳ね返される。
- ボールを捕球して，反対側にすばやく投げる。
- 臀部（下半身）を，壁に向かってひねる。
- 両腕や上半身を使って，ボールを投げてはいけない。それよりも，瞬発的な腹斜筋活動に集中して行う。
- 反対側で1セット行う。

注意：強化するにつれて，ボールの重量を増やす。しかし，負荷を増やすために技術を犠牲にしてはいけない。

115　パートナー・リバース・ツイスト・ハンドオフ：立位

腹筋パワー（腹斜筋）ハイ〜ハイパー

準備動作
- お互いに背中合わせで約60cm離れてまっすぐに立つ。
- 両足を肩幅に開く。
- 両膝を少し曲げる。
- 上半身をしっかりとコントロールする。
- 両腕は，床に平行にする。
- 両肘を少し曲げる。

方法
- Aは，体からボールを離して，左側にひねる。
- Bは，右側からボールを受け取る位置に立つ。
- Bは，左側にすぐにひねり，Aの右側からボールを手渡しで受け取る（ボールはトスしてはいけない）。
- 足を軸にして，膝にかかる回転ストレスを減少させる。
- 同じ方向で1セット行う。
- 反対側で行う。

注意：強化するにつれて，ボールの重量を増やす。しかし，負荷を増やすために技術を犠牲にしてはいけない。

116　パートナー・リバース・ツイスト・ハンドオフ：座位

腹筋パワー（腹斜筋）ハイ〜ハイパー

準備動作
- 両選手ともに顔をあわせるように約60cm離れて，向き合って床に座る。
- 両足を開く。
- 膝を少し曲げる。
- 背筋を伸ばす。
- 上半身をしっかりとコントロールする。
- 両腕は，床に平行にする。
- 両肘を少し曲げる。

方法
- Aは，体からボールを離して，左へひねる。
- Bは，右側からボールを受け取る。
- Bは，左側にすぐにひねり，Aの右側からボールを手渡しで受け取る（ボールはトスしてはいけない）。
- 同じ方向で1セット行う。
- 反対側で行う。

注意：強化するにつれて，ボールの重量を増やす。しかし，負荷を増やすために技術を犠牲にしてはいけない。

117　パートナー・リバース・ツイスト・トス：立位

腹筋パワー（腹斜筋）ハイパー

準備動作
- お互いに背中を合わせてまっすぐに立つ。
- 筋力レベルとこの種目の習熟度に応じて、お互いの離れる距離は調節する。最初は、150cmほど離れてみる。
- 両足を肩幅に開き、両膝を少し曲げる。
- 体重を両足の拇指球の前にかける。
- 上半身をしっかりとコントロールする。
- 両腕は、床に平行にし、両肘を少し曲げる。

方法
- Aは、体からボールを離して、左側にひねり、Bにボールをトスする。
- Bは、右側からボールを受け取る位置に立つ。
- Bは、左側にすぐにひねり、Aの右側へボールをトスする。
- 両腕や上半身を使って、ボールを投げてはいけない。それよりも、瞬発的な腹斜筋活動に集中して行う。
- 足を軸にして、膝にかかる回転ストレスを減少させる。
- 同じ方向で1セット行う。
- 反対側で行う。

> **注意**：強化するにつれて、ボールの重量を増やす。しかし、負荷を増やすために技術を犠牲にしてはいけない。

118　パートナー・リバース・ツイスト・トス：座位

腹筋パワー（腹斜筋）ハイパー

準備動作
- お互いに背中合わせでまっすぐに立つ。
- 筋力レベルとこの種目の習熟度に応じて，お互いの離れる距離は調節する。最初は，150cmほど離れて試す。
- 両足を開く。
- 両膝を少し曲げる。
- 背筋を伸ばす。
- 上半身をしっかりとコントロールする。
- 両腕は，床に平行にする。
- 両肘を少し曲げる。

方法
- Aは，体からボールを離して，左側にひねり，Bにボールをトスする。
- Bは，右側からボールを受け取る。
- Bは，左側にすぐにひねり，Aの右側へボールをトスする。
- 両腕や上半身を使って，ボールを投げてはいけない。それよりも，瞬発的な腹斜筋活動に集中して行う。
- 同じ方向で1セット行う。
- 反対側で行う。

  注意：強化するにつれて，ボールの重量を増やす。しかし，負荷を増やすために技術を犠牲にしてはいけない。

119　パートナー・メディシン・ボール・ハンドオフ：立位

腹筋パワー（腹斜筋）ハイパー

準備動作
- 背中合わせで約60cm離れてまっすぐに立つ。
- 両足を肩幅に開く。
- 両膝を少し曲げる。
- 体重を両足の拇指球の少し前にかける。
- 上半身をしっかりとコントロールする。
- 両腕は，床に平行にする。
- 両肘を少し曲げる。

方法
- Aは，体からボールを離して，臀部を左側にひねる。
- Bは，右側からボールを受け取る位置に立つ。
- Aは，Bへボールを手渡しする。
- Bは，ボールの勢いを回転の中間位置で止める（両腕はまっすぐ前に伸ばす）。両肘は少し曲げたままにする。
- Bは，臀部を右側にすぐにひねり，Aの左側へボールを手渡しする。
- 足を軸にして，膝にかかる回転ストレスを減少させる。
- 同じ方向で1セット行う。
- 反対側で行う。

注意：強化するにつれて，ボールの重量を増やす。しかし，負荷を増やすために技術を犠牲にしてはいけない。

120　壁へのスナップ・トス：メディシンボール使用

腹筋パワー（腹斜筋）ハイパー

準備動作

- 120～180cmくらい離れて，まっすぐに立つ。顔は壁に向ける。
- 両足を肩幅に開く。
- 両膝を少し曲げる。
- 体重を両足の拇指球の少し前にかける。
- 上半身をしっかりとコントロールする。
- 両腕は，床に平行にする。
- 両肘を少し曲げる。

方法

- 臀部を左側にひねって，ボールを壁に向かってトスする。
- 直接，壁にぶつけて，同じ側に跳ね返る。
- ボールを捕球して，ボールの勢いを回転の中間位置で止める（両腕はまっすぐ前に伸ばす）。
- ただちに，勢いと反対側に臀部をひねり，左側の壁に向かってトスを返す。
- 足を軸にして，膝にかかる回転ストレスを減少させる。
- 同じ方向で1セット行う。
- 反対側で行う。

注意：強化するにつれて，ボールの重量を増やす。しかし，負荷を増やすために技術を犠牲にしてはいけない。

121　フリー・スタンディング・ニー・アップス

腹筋パワー（下部）ミドル〜ハイ

準備動作
- 腰部保護のための脊椎サポートパッドに固定する。
- 上半身と同じ位置か少し前にある肘サポートパッドに両肘を固定する。
- しっかりとハンドルを握る。
- 床の方へ両足を伸ばす。
- 両足首の間にボールを挟む。

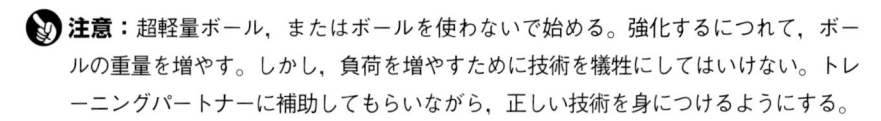

方法
- ボールを持ち上げる。すばやく両膝を胸の方へ持ち上げる。
- 1カウント保持する。
- もとの位置にゆっくりと戻す。振ってはいけない。ボールの動きをコントロールする。
- すぐに繰り返す。

注意：超軽量ボール，またはボールを使わないで始める。強化するにつれて，ボールの重量を増やす。しかし，負荷を増やすために技術を犠牲にしてはいけない。トレーニングパートナーに補助してもらいながら，正しい技術を身につけるようにする。

122 ハンギング・ニー・アップス

腹筋パワー（下部）ミドル

準備動作
- オーバーヘッドバーよりぶら下がり、両腕は完全に伸ばす。
- 両足首の間にボールを挟む。

方法
- ボールを持ち上げ、両膝を胸の方へ素速く持ち上げる。振ったり、両腕を使って引き挙げたりしてはいけない。
- 背中をまっすぐに伸ばす。腰を反らしてはいけない。
- もとの位置にゆっくりと戻す。
- すぐに繰り返す。

注意： 超軽量ボール、またはボールを使わないで始める。強化するにつれて、ボールの重量を増やす。

しかし、負荷を増やすために技術を犠牲にしてはいけない。トレーニングパートナーに補助してもらいながら、正しい技術を身につけるようにする。

もし、肩や腕の筋力が正しい技術を行うために不適切な場合、手首ストラップ、または肘掛けを使用する。

123 ローマン・チェア・クランチ

腹筋パワー（上部）スロー〜ミドル

⚠ 警告

これはしっかりとコントロールして行わなければならない。極度の疲労下で行うと正しくない技術使用のリスクがある。

準備動作

- 下腿パッドを正しく調節したローマン・チェアの上に座る。
- 臀部パッドの前端に臀部は固定する。
- ボールは胸の前で保持する。

方法

- 上半身下部を後方へ下げる。ほとんど床と平行になる。
- 床から約45度の位置に起きる。
- もとの位置にゆっくりと戻り，繰り返す。腰を反らせてはいけない。

   注意： 背中を少し丸めたままにする。これにより，腰部の過伸展を防ぐことができる。強化するにつれて，ボールの重量を増やす。しかし，負荷を増やすために技術を犠牲にしてはいけない。筋力レベルが向上するにつれて，ボールの位置は，体の折れる軸より遠くにする。たとえば，もし筋力レベルが低い場合，ボールは腰の位置から始めて，筋力レベルが向上するにつれて，ボールを胸へ移動させ，最終的には頭上まで移動させる。

124 クランチ（初級編）：メディシンボール使用

腹筋パワー（上部）ミドル

準備動作
- 床に仰向けに寝る。
- 両足は肩幅に開く。
- 両膝を90度に曲げる。もし筋力レベルが低い場合，重い物体に両足を引っかけて行う。
- ボールを胸の前に置く。

方法
- 床から約45度まで，上半身をすばやく持ち上げる。
- 上半身を床へゆっくりと降ろす。
- 顎は引いて，腰の過伸展を防ぐために脊椎を少し丸める。
- 肩峰をつける（反動させない）。
- すぐに繰り返す。

 注意：強化するにつれて，ボールの重量を増やす。しかし，負荷を増やすために技術を犠牲にしてはいけない。

125 クランチ（上級編）：メディシンボール使用

腹筋パワー（上部）ミドル

準備動作
- 床に仰向けに寝る。
- 両足を肩幅に開く。
- 両膝を90度に曲げる。もし筋力レベルが低い場合，重い物体に両足を引っかけて行う。
- ボールを頭上で持つ。頭につけてはいけない。

方法
- 床から約45度まで上半身を持ち上げる。
- ボールは，頭上に挙げたままにする。
- 上半身を床へゆっくりと降ろす。
- 顎は引いて，腰の過伸展を防ぐために脊椎を少し丸める。
- 肩峰をつける（バウンドさせない）。
- すぐに繰り返す。

> **注意：** 強化するにつれて，ボールの重量を増やす。しかし，負荷を増やすために技術を犠牲にしてはいけない。

126　パートナー・アシスト・チェスト・パス・クランチ：座位

腹筋パワー（上部）ハイ

準備動作

- トレーニングをするAは，両膝を90度に曲げて座る。
- 両足を肩幅に開く。
- 背筋を伸ばす。
- 両手は胸の位置において，ボールを捕球する準備をする。
- ボールをしっかりと見る。

方法

- パートナーのBは立って，Aの胸に向かってボールをトスする。最初は，トスをゆっくりとした速度で行う。筋力とコーディネーションが向上するにつれて，トスの速度を速くする。
- ボールを捕球したら，その勢いを後方へ移動させる。
- 下方への勢いをコントロールして，床に肩峰をつける（バウンドさせない）。
- 顎は引いて，腰の過伸展を防ぐために背中を少し丸める。
- Aはもとの姿勢にすばやく戻り，その間にBへボールを返す。
- すぐに繰り返す。

　注意：強化するにつれて，ボールの重量を増やす。しかし，負荷を増やすために技術を犠牲にしてはいけない。Aが，動作を完全に行うために補助が必要ならば，BはAの足元に立つ。

127　オーバーヘッド・スロー・クランチ：座位・パートナー補助

腹筋パワー（上部）ミドル

準備動作
- トレーニングをするAは，両膝を90度に曲げて座る。
- 両足を肩幅に開く。
- 背筋を伸ばす。
- 両手は胸の位置において，ボールを捕球する準備をする。
- ボールをしっかりと見る。

方法
- パートナーのBは立って，Aの手に向かってボールをトスする。最初は，トスをゆっくりとした速度で行う。筋力とコーディネーションが向上するにつれて，トスの速度を速くする。
- ボールを捕球したら，その勢いを後方へ移動させる。
- 下方への勢いをコントロールして，床に肩峰をつける（バウンドさせない）。
- 顎は引いて，腰の過伸展を防ぐために背中を少し丸める。
- ボールは，頭上に常に保つ。
- Aはもとの姿勢にすばやく戻り，その間にBへボールを返す。
- すぐに繰り返す。

注意：強化するにつれて，ボールの重量を増やす。しかし，負荷を増やすために技術を犠牲にしてはいけない。Aが，動作を完全に行うために補助が必要ならば，BはAの足元に立つ。

128　パートナー・チェスト・パス・クランチ：座位

腹筋パワー（腹斜筋）ハイ

準備動作
- お互いに向かい合って座る。
- 両足を肩幅に開く。
- 両膝を少し曲げる。
- 背筋を伸ばす。
- Bの両手は，胸の位置で捕球準備をする。
- 両肘を少し曲げる。
- ボールに焦点をあわせる。
- Aは，ボールを胸の位置で保つ。

方法
- Aは，Bへチェスト・パスをする。
- ボールを捕球したら，その勢いを後方へ移動させる。
- 下方への勢いをコントロールして，床に肩峰をつける（バウンドさせない）。
- 顎は引いて，腰の過伸展を防ぐために背中を少し丸める。
- Bはもとの姿勢に素速く戻り，その間にAへボールを返す。
- 正しい姿勢を保つ。
- 1セット続ける。

注意：強化するにつれて，ボールの重量を増やす。しかし，負荷を増やすために技術を犠牲にしてはいけない。レベルを上げるために，AはBの左に右足首を，BはAの左に右足首をそれぞれ引っかける。

129 パートナー・オーバーヘッド・トス・クランチ：座位

腹筋パワー（腹斜筋）ハイ

準備動作
- お互いに向かい合って座る。
- 両足を肩幅に開く。
- 両膝を少し曲げる。
- 背筋を伸ばす。
- Bの両手は，胸の位置で捕球準備をする。
- 両肘を少し曲げる。
- ボールに焦点をあわせる。
- Aは，ボールを胸の位置で保つ。

方法
- Aは，Bの両手に向かって，オーバーヘッド・パスをする。
- ボールを捕球したら，その勢いを後方へ移動させる。
- 下方への勢いをコントロールして，床に肩峰をつける（バウンドさせない）。
- 顎は引いて，腰の過伸展を防ぐために背中を少し丸める。
- Bはもとの姿勢にすばやく戻り，その間にAへボールを返す。
- 正しい姿勢を保つ。
- 1セット続ける。

注意：強化するにつれて，ボールの重量を増やす。しかし，負荷を増やすために技術を犠牲にしてはいけない。レベルを上げるために，AはBの左に右足首を，BはAの左に右足首をそれぞれ引っかける。

130 壁チェスト・パス

腹筋パワー（腹斜筋）ハイ

準備動作
- 壁に向かって座る。
- 両足は肩幅より少し広めに開く。
- 両足を壁につける。筋力とコーディネーションが向上するにつれて，壁から徐々に離れる。
- 背筋をしっかり伸ばす。
- 上半身をしっかりとコントロールする。
- ボールは胸の位置で保つ。
- 両肘を少し曲げる。

方法
- リバウンドボールを，胸の高さで捕球することができるような高さで，壁に向かってボールを投げる。
- ボールを捕球したら，その勢いを後方へ移動させる。
- 下方への勢いをコントロールして，床に肩峰をつける（バウンドさせない）。
- 顎は引いて，腰の過伸展を防ぐために背中を少し丸める。
- もとの姿勢にすばやく戻り，その間に壁へボールを返す。
- リバウンドを捕球する。
- すぐに繰り返す。

> **注意**：強化するにつれて，ボールの重量を増やす。しかし，負荷を増やすために技術を犠牲にしてはいけない。このエクササイズのバリエーションは，限られた関節可動域が含まれる。肩峰を床につけるよりも，下方への勢いを「チェック」して，上半身を床から約45度の角度で止める。

131 オーバーヘッド・壁パス

腹筋パワー（腹斜筋）ハイ

準備動作
- 壁に向かって座る。
- 両足は肩幅より少し広めに開く。
- 両足を壁につける。筋力とコーディネーションが向上するにつれて、壁から徐々に離れる。
- 背筋をしっかり伸ばす。
- 上半身をしっかりとコントロールする。
- ボールは腕を頭上で伸ばした位置で保つ。
- 両肘を少し曲げる。

方法
- リバウンドボールを、頭の上の高さで捕球することができるような高さで、壁に向かってボールを投げる。
- ボールを捕球したら、その勢いを利用して、床に肩をつけるようにする。
- 下方への勢いをコントロールして、床にボールをつける（バウンドさせない）。
- 顎は引いて、腰の過伸展を防ぐために背中を少し丸める。
- もとの姿勢にすばやく戻り、その間に壁へボールを返す。
- 腹筋を使ってボールを投げる。腕ではない。
- ボールは常に頭上で保つ。
- リバウンドを捕球する。
- すぐに繰り返す。

注意：強化するにつれて、ボールの重量を増やす。しかし、負荷を増やすために技術を犠牲にしてはいけない。このエクササイズのバリエーションは、限られた関節可動域が含まれる。肩峰を床につけるよりも、下方への勢いを「チェック」して、上半身を床から約45度の角度で止める。

132　バック・クランチ：メディシンボール使用

> 腹筋パワー（背筋）スロー～ミドル

準備動作
- 床にうつ伏せに寝る。
- 後頭部にボールを持つ。

方法
- 下腰部と臀部の筋肉をコントロールして，床から上半身を持ち上げる。
- 数カウント，弓状の状態を保つ。
- もとの姿勢にゆっくりと戻す。
- すぐに繰り返す。

> **注意**：超軽量ボールやボールを使わないで始める。強化するにつれて，ボールの重量を増やす。このエクササイズのバリエーションは，ひねりを加えた挙上である。

133　ローマン・チェア・バック・エクステンション

腹筋パワー（背筋）スロー〜ミドル

⚠ 警告
しっかりとコントロールされなければならない。極度の疲労下で行うと正しくない技術を使用するリスクがある。

準備動作
- 下腿パッドを正しく調節したローマン・チェアを臀部パッドにうつ伏せに寝る。
- ボールは後頭部に置く。

方法
- 始めるにあたって，臀部は曲げる。頭は床の方へ向ける。
- 下腰部の筋肉と臀部を収縮させて，上半身を床と平行になるように挙げる。
- もとの位置にゆっくりと戻す（バウンドさせない）。
- すぐに繰り返す。

注意： 超軽量ボールやボールを使わないで始める。強化するにつれて，ボールの重量を増やす。このエクササイズのバリエーションは，ひねりを加えた挙上である。

134　グッドモーニング：メディシンボール使用

> 腹筋パワー（背筋）スロー

準備動作
- まっすぐに立つ。
- 両足を肩幅に開く。
- 両膝を少し曲げる。
- 上半身をしっかりとコントロールする。
- ボールを腰の位置において始める。筋力が向上するにつれて，ボールを胸の位置へ移動させる。最終的には，頭の後方から始める。

方法
- 上半身が，ほとんど床と平行になるまで，ゆっくりと前傾させる。
- 下腰部の筋肉と臀部を収縮させて，もとの位置に戻す。
- 腰を反らさない。
- すぐに繰り返す。

注意：超軽量ボールやボールを使わないで始める。強化するにつれて，ボールの重量を増やす。

135 バック・トス

腹筋パワー（背筋）ハイパー

準備動作
- まっすぐに立つ。
- 両足を肩幅に開く。
- 両肘を少し曲げて，両腕を下ろす。
- ボールを腰の位置において始める。

方法
- スクワット状態でボールを両足の間に下げる。
- 下腰部を伸ばしながら，両膝を伸ばす。
- 可能なかぎり高く投げる。確実に，後方へ落下するようにする。
- 常にボールを捕球する。頭上にボールが落ちないように注意する。
- これは瞬発的な動作であり，投げる瞬間は，地面から離れるべきである。
- 再度，捕球する。
- 繰り返す。

注意：腰が反らないように防ぐ。強化するにつれて，ボールの重量を増やす。しかし，負荷を増やすために技術を犠牲にしてはいけない。

9 腹筋・背筋のトレーニングプログラム

　腹筋と背筋のフィットネス，筋力強化とパワーについて学んだことを，自分自身のトレーニングプログラムにいかしてみよう。腹筋フィットネスプログラムから始めて，レベル10までいくようにしよう。もし，目的に達したとしても，このレベルでいることを選択するかもしれない。しかし，もしフィットネスから，競技選手のように高いレベルのパフォーマンスへ移行するコンディショニングに向上することを望んだ場合，腹筋筋力強化プログラムへ移行する。もし，エリートレベル競技選手として活動する場合，一度，腹筋フィットネスと筋力強化レベルを確立したら，腹筋パワープログラムへ移行するとよい。安全上の理由から，エリートレベルの競技選手以外は，腹筋パワープログラムをしないようにしてもらいたい。いずれにしても，実施する場合には，プログラムを厳格に守り，注意しながら行うべきである。

腹筋フィットネス

　p.214の腹筋フィットネスプログラムは，24週間で硬く，鋭く，そして均整の取れた腹筋を作り上げる。体重のような外的なストレスが，関与することはない。このプログラムは，筋力とパワーの基礎づくりに役立つとともに，この方法を知っておけば十分であろう。ひとたび24週間のプログラムを終えれば，腹筋力のコンディショニングなのか，パワーのコンディショニングなのかによって，レベル10から（頻度や期間を調節しながら）エクササイズを選択していく

とよい。

　p.214の下部には，典型的な手順を示している。たとえば，レベルⅣを選んだ場合，この例で選択できる12のエクササイズより多くの中から選択できるので，あなた自身のプログラムの各エクササイズは，この例とはまったく異なるエクササイズとなる。

腹筋と背筋トレーニングを実施する前に

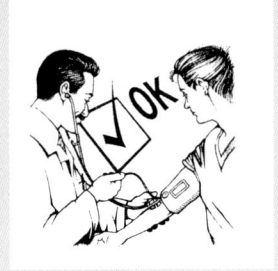

新しいプログラムを始める前に，かかりつけの医者に相談すること。

両側（両脚）ストレート・レッグ・リフト，ストレート・レッグ・シットアップ，ローマン・チェア・エクササイズ，または腰を反ったり過伸展するようなエクササイズを避ける。常に腰のサポートを維持する。

過度に脊椎を曲げることを避ける（とくに腰部）。

けっして頭部，または首をひいてはいけない。

両足を引っかけることは避ける。ただし，他の方法で起き上がることができない場合は除く。

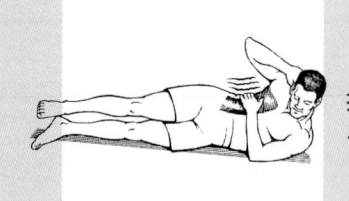

持ち上げている間は，鍛えようとしている筋肉に集中する。

持ち上げるために無理に引っ張ったりしない。

呼吸は自然に，リズミカルに行う。

けがの療養期間中は，けっしてトレーニングしない。

Ab Fitness Guideline

腹筋フィットネスのためのガイドライン

- どんなトレーニングセッションでも，常にウォームアップとクールダウンはしっかりと行う。
- アンバランスが生じないように，すべての部位の腹部と下腰部をトレーニングする。
- 6〜15種類のエクササイズ（6章）を「腹筋フィットネス」として行う。
- 腹斜筋エクササイズは，両側の体側を行う。つまり，2つのエクササイズを行うことである。
- 最初に，週に4〜5日行う。何日間か続けて，回復日を設けないようにする。各トレーニングセッションを週内でこなす。レベル10に到達したら，強度は高く，負荷の難易度を高度に保つ。つまり，負荷をつけ足し（腕や脚の位置）やエクササイズのスピードを変化させる。しかし，回数やセット数を減らしたり，週に2〜4日に頻度を少なくするなどして，期間を短縮することはできる。進歩の度合いが，低強度レベルで満足しているならば，すべての意味でそのレベルにとどまってしまうことを覚えておいてほしい。次のレベルに進むことは，継続，またはドラマチックに向上することを意味しない。完璧な内容と，永久に低強度レベルにとどまることが与えられるかもしれない。
- 現レベルで正しい技術を行いながら，決められた回数とセット数を最初にこなすことができないならば，けっして上級レベルへいってはいけない。
- 腹筋フィットネストレーニングでの腹筋の総回数は，450回を超えてはいけない（注：この回数は，背筋エクササイズは含まれていない）。
- 腰のエクササイズも確実に含まれる（全体で20〜100回）。腹筋フィットネスレベルで，1〜5種類の背筋エクササイズを選択して（またはこのエリアに集中したい場合），5〜20回行う。
- レベル4に達したら，複数セットを開始する。各エクササイズを全回数行い，次のセットを始める前に1〜2分休む。
- 休みは，セット間のみとする。エクササイズの間は休んではいけない。

■ 24週間腹筋フィットネスプログラム

● 6〜15種類のエクササイズを各セッションで選ぶ。

レベル	週	回数／セッション	セット／セッション
開始時	4	4-6	1
Ⅰ	2	8	1
Ⅱ	2	10	1
Ⅲ	2	12	1
Ⅳ	2	8	2
Ⅴ	2	10	2
Ⅵ	2	12	2
Ⅶ	2	8	3
Ⅷ	2	10	3
Ⅸ	2	12	3
Ⅹ	2	15	3

注意： レベル10からコア・フィットネスを継続する。

■ サンプル：レベル4の腹筋フィットネス（2週間）プログラム

腹筋フィットネス・エクササイズ	セット	回数
1. 17 ストレートレッグ・サイド・クランチ（左）	2	8
2. 17 ストレートレッグ・サイド・クランチ（右）	2	8
3. 19 ベント・ニー・サイド・レイズ（左）	2	8
4. 19 ベント・ニー・サイド・レイズ（右）	2	8
5. 23 クロス・レッグ・オブリーク・クランチ（上級編）（左）	2	8
6. 23 クロス・レッグ・オブリーク・クランチ（上級編）（右）	2	8
7. 31 ロール・バック・アイソレート	2	8
8. 33 シーテッド・ストレート・レッグ・タック	2	8
9. 41 バタフライ・カール・アップ	2	8
10. 44 トゥ・トゥ・シーリング	2	8
11. 48 ロシアン・ツイスト（左）	2	8
12. 48 ロシアン・ツイスト（右）	2	8

注意： 12種類のエクササイズを各1セット行う。1分間休んで繰り返す。

各セッションの毎の総回数	192

背筋フィットネス・エクササイズ	セット	回数
1. 53 バック・クランチ	3	10
2. 55 スーパーマン	3	10

腹筋力強化

腹筋力強化の手順は，競技スポーツやフィットネストレーニングについてより真剣に取り組んでいる人にとっては，同じように型どおりのものである。24週間腹筋フィットネススケジュールとは異なる。次の腹筋強化プログラムでは，より高度な手順を組み入れていない。これは，腹筋フィットネスプログラムのレベル10を達成した上で，力強い筋力の基盤が構築されたことを意味していると考えているからである。

Ab Strength Guidelines
腹筋筋力強化のためのガイドライン

- どんなトレーニングセッションでも，常にウォームアップとクールダウンはしっかりと行う。

- 腹筋フィットネスレベル10の頻度を2～3日／週に減らすが，強度と期間（たとえば回数とセット数）は継続し，フィットネス回数を1期間あたり450回以内に保つ。

  注：これは，メンテナンスプログラムではない。よって，強度と期間を減らしてはいけない。

- 週に2～3日，7章の腹筋強化エクササイズを組み入れる。

- 腹筋強化トレーニングセッションの間，腹筋フィットネス（6章）と腹筋強化（7章）の両方からエクササイズを選択する。しかし，腹筋強化エクササイズに重点を置く。

- 1～5種類のエクササイズを「腹筋強化」，または「腹筋フィットネス」として行う。

- 腹斜筋エクササイズは，両側の体側を行う。つまり，2つのエクササイズを行うことである。

- 腹筋強化トレーニングセッション中の腹筋総回数は，350回を超えるべきではない。トレーニングによる恩恵を受けるために各セッションを完全に守る必要はない。利用する強度や負荷，時間，そして用具の有無により，腹筋強化の手順は，最高度に達しないかもしれない。

- ■ 30〜120秒の休息を各セット間でとる。可能ならば60秒以内とする。
- ■ 腰のエクササイズも確実に含む（全体で20〜100回）。腹筋強化レベルで，1〜5種類の背筋エクササイズを選択して（または，このエリアに集中したい場合，この限りではない）。「腹筋フィットネス」，または「腹筋強化」として5〜10回を1〜5セット行う。
- ■ 安全上の理由により，エリートレベルの競技選手のみ，腹筋パワープログラムへ移行するべきである。

■ サンプル：腹筋強化プログラム

- レベル10の腹筋フィットネスを週に2〜3日行うこと。
- 週に2〜3日，7章の腹筋強化エクササイズを組み入れる。

腹筋強化・エクササイズ	セット	回数
1．63 フラット・ベンチ・オブリーク・クランチ（左）	2	15
2．63 フラット・ベンチ・オブリーク・クランチ（右）	2	15
3．81 フリースタンディング・レッグ・レイズ：膝屈曲	2	15
4．88 シーテッド・プルダウン・クランチ	2	25
5．89 ローマン・チェア・アッパー・アブ・アイソレート	2	25

注意：各1セット1分間休む。

各セッションの毎の総回数	205

背筋強化・エクササイズ	セット	回数
1．92 ローマン・チェア・バック・クランチ	3	10-15
2．100 ベント・ニー・デッド・リフト：バーベル使用	3	10

注意：ほとんどの選手は，広範囲なトータルボディ筋力強化トレーニングルーティーンを行っていて，いくつかのエクササイズ（腰部強化）はすでに含まれているかもしれない。もしそうならば，腹筋の手順と結びついた，これらの腰部エクササイズは，必要ではない。

● 腹筋パワープログラム

腹筋パワーの手順は，コンディショニングのよい選手のみに勧める。次に記載したガイドラインに沿って，個人のプログラムを作成する。再度，腹筋フィットネスと強化プログラムは維持する。そして，徐々に腹筋パワーエクササイズを取り入れる。しかしガイドラインに沿って注意深く行う。

Ab Power Guideline
腹筋パワーを高めるためのガイドライン

■どんなトレーニングセッションでも，常にウォームアップとクールダウンはしっかりと行う。

■腹筋フィットネスレベル10の頻度保ち，2～3日／週は行う。腹筋フィットネスプログラムの回数は，450回以内を保つ。

■腹筋強化プログラムは，1～2日／週は行う。

■週に1～2日，8章の腹筋パワーエクササイズを組み入れる。

■腹筋トレーニングの全体（3レベル）は，4～6日／週行うべきである。

注：これらのガイドラインは，意味もなく書いてあるものではない。最良の効果のために書かれている。たとえば，ニューヨーク・ニックス（NBA）では，次の「3日実施－1日オフ」のバリエーションを取り入れている。

- ●1日目：腹筋パワー
- ●2日目：腹筋フィットネス
- ●3日目：腹筋筋力強化
- ●4日目：休み
- ●繰り返し

■腹筋パワー（8章）から1～5種類のエクササイズを選択して行う。

■腹斜筋エクササイズは，両側の体側を行う。つまり，2つのエクササイズを行うことである。

■各エクササイズ，1～5セット行う。各セットは10～25回行う。

■腹筋パワートレーニングセッション中の腹筋総回数は，300回を超えるべきではない。

■このトレーニング方法の目的は，パワーの増強である。腹筋の疲労に注意するよりも，各エクササイズを最高に爆発させることに集中する方がよい。つまり，最低60秒の休息を各セット間でとる。

■腰のエクササイズも確実に含む（全体で20～100回）。腹筋パワーレベルで，1～5種類の背筋エクササイズを選択して（または，このエリアに集中したい場合，この限りではない）。「腹筋フィットネス」，「腹筋強化」，「腹筋パワー」として5～20回を1～5セット行う。

■ サンプル：腹筋パワープログラム
- レベル10の腹筋フィットネスを週に2日行っていること。
- 週に1～2日，腹筋強化エクササイズを行うこと。
- 週に1～2日，腹筋パワーエクササイズを組み入れる。

腹筋パワーエクササイズ	セット	回数
1. 120 壁へのスナップ・トス：メディシンボール使用（左）	2	10
2. 120 壁へのスナップ・トス：メディシンボール使用（右）	2	10
3. 121 フリー・スタンディング・ニー・アップ	3	10
4. 126 チェスト・パス・クランチ：座位・パートナー補助	5	25

☞ **注意：**各セット，最低1分間休む。

各セッションの毎の総回数	195

背筋強化・エクササイズ	セット	回数
1. 132 バック・クランチ：メディシンボール使用	3	10
2. 135 バック・トス	3	10

● トレーニング・バリエーション

　本書で紹介している方法は，石に刻まれているわけではない。しかしながら，腹筋のトーン，筋力，そしてパワーを発達させるために効果的なことが証明されている。最良のプログラムであっても，結果は長い期間の中で，変化のないものになる。または沈滞する。このような場合，数種類のエクササイズ，回数，セットを変えてみる。たとえば，腹筋フィットネスのプログラム中に，10～15回を1セットから，15回を3セットにするなど，5種類の違ったエクササイズを選択して，25～50回を数セット行う。または，8種類のエクササイズを50回1セット行うなど。各個人は，各プログラムに個別に異なった反応をする。最適な方法を選択する。

やってみよう：行う価値は十分にある！

今日，最大の関心事の1つが，すべての年齢におけるフィジカルフィットネスの低下である。教育予算の極端な削減により，最初に被害を受けるのは，たいていの場合，健康のカリキュラム，体育授業，校内の部活動である。予算切り詰めなどによる短期的な見解は，学内からアスレチック部門全体を撤廃させる影響がある。それにより，官僚的な非効率は，運動に不向きで無知な若者の世代を創り出す。

実際，一般の人の健康は，適切なエクササイズを行っているかどうかが関係している。しかし，競技選手と同様にウィークエンドウォーリアー（週末のみエクササイズする人を指す）は，一般的な活動レベルよりも，若干，多くのことを要求する。本書は，腹筋すべてのレベルにおいて全員が真剣に挑戦できるプログラムを示すことによって，一般の人々とエリート選手の間のギャップを橋渡しする。

エクササイズが，役に立つことは理解していると思うが，ハードワークと時間を割かれるという思いでとプログラムを1回も始めない。エクササイズとものぐさに打ち勝つ特別な恩恵を考える。活発な人生を送ることは，スタミナ，体脂肪率，体全体の機能，そして，最後には自己評価が向上するでしょう。まだ，トレーニングはパワーの源。しかし，全トレーニングコンセプトの1つにすぎない。フィットネストレーニングプログラムを実行する場合，心肺機能効率の重要性，体全体の筋力，筋持久力，柔軟性，そして不必要な体脂肪の除去を見逃してはいけない。

最初に，体調の違和感を体験するかもしれないが，この感覚は，よい健康状態へ向かって前向きな変身として徐々に取って代わるであろう。もし，そのようになってきたら，競技パフォーマンス向上へと傾いていくであろう。しかし，結果はすぐに出ないかもしれない。すべての人のトレーニングに対する反応は同じではない。すぐに向上するかもしれないし，数か月も劇的な変化が見られないかもしれない。しかし，必ず変化は起きるので，あきらめてはいけない。確実に最適な健康状態の向上は，あなたのライフスタイルを変えるに値するし，時間と努力をかけるに値する。約束し，粘り強く継続すれば，その先に道は開けるでしょう。

著者

ディーン・ブリテナム

スクリップス・クリニック（カリフォルニア州ラ・ホーヤ市）のアスレティック・ディレクターおよびスポーツ・エリート社の最高経営責任者。
エスコンディド市（カリフォルニア州）在住。
40年以上，インディアナ・ペーサーズとニューイングランド・ペイトリオッツのストレングス＆コンディショニングとトップレベル（テニス，バレーボール＆サイクリング）選手など，多種多様な競技とすべてのレベルを指導してきた。
その傍ら，ストレングス＆コンディショニングの専門家として，世界中のキャンプ，クリニック＆シンポジウムで講演を開き活躍している。

グレッグ・ブリテナム（ディーン氏の息子）

ニューヨーク・ニックスのストレングス＆コンディショニングコーチと同時に，パトリック・ユーイングをはじめとする，多数のNBAプロバスケットボール選手のパーソナルトレーナーとしてコンディショニングを担当していた。スポーツ・エリート社の社長。
スタンフォード（コネティカット州在住）。
インディアナ大学大学院で修士課程（キネシロジー学）終了。著書として「バスケットボールのための完全なコンディショニング」がある。
彼は，父親とともに，全米フィットネス＆スポーツ学院内の競技向上センターのディレクターであった。1978年以来，アスレティックコンディショニングのリーダー的存在である。全米テニス協会や全米オリンピック委員会などの競技団体に，彼のトレーニング方法やプログラムを紹介しながら，競技におけるコンディショニングの重要性を説いている。

訳者

山口英裕（やまぐち えいゆう）

全米アスレティックトレーナーズ協会および日本体育協会公認アスレティックトレーナー。株式会社エンズ（http://www.enz.jp）代表取締役。
1965年埼玉県生まれ，神奈川県育ち。1988年に日本体育大学体育学部社会体育学科卒業。1993年に米国ヴァージニア州立オールド・ドミニオン大学大学院にて修士号（教育科学）修得。専攻はアスレティックトレーニング学（全米アスレティックトレーナーズ協会公認上級課程）。
学生時代から斎木隆（全日本スキー連盟認定デモンストレーター）やオリンピック・トレーニングセンター（米国コロラド州）にて研修を行い，米国滞在中は，ピッツバーグ・スティーラーズ（ＮＦＬ）や米国サッカー代表のアスレティックトレーナーを歴任。帰国後は，Jリーグ（ジェフ千葉やジュビロ磐田他）やヤマハ発動機株式会社（ジュビロ）ラグビー部，整形外科医院のアスレティックトレーナーとしても活躍。現在，株式会社エンズ代表取締役として活躍する傍ら，国士舘大学非常勤講師として後進の育成に力を入れる。また，さまざまなスポーツでの指導経験を活かし，俳優（「実写版テニスの王子様」出演者等）やトップアスリートからスポーツ愛好家まで，ケガからの復帰や障害予防のコンディショニング指導も行っている。
訳書に，『スポーツ・エルゴジェニック』(共訳)，『イラストでわかるストレッチングマニュアル』，『イラストで見るSAQトレーニングドリル180』（いずれも大修館書店）などがある。

写真でわかる 腹筋・背筋のトレーニング
©Eiyu Yamaguchi 2004　　　　NDC781 vii,219p 26cm

初版第1刷 ── 2004年11月20日
第3刷 ── 2006年9月1日

著　者 ── ディーン・ブリテナム，グレッグ・ブリテナム
訳　者 ── 山口英裕
発行者 ── 鈴木一行
発行所 ── 株式会社大修館書店
　　　　　〒101-8466　東京都千代田区神田錦町3-24
　　　　　電話03-3295-6231（販売部）03-3294-2358（編集部）
　　　　　振替00190-7-40504
　　　　　［出版情報］http://www.taishukan.co.jp
　　　　　　　　　　　http://www.taishukan-sport.jp（体育・スポーツ）

装丁 ── 倉田早由美（サンビジネス）
本文デザイン・DTP ── サンビジネス
印刷所 ── 広研印刷
製本所 ── 司製本

ISBN 4-469-26563-2　　Printed in Japan
Ⓡ本書の全部または一部を無断で複写複製（コピー）することは、
著作権法上での例外を除き禁じられています。